고난돌파

# 고난돌파

조봉희 목사 지음

나침반

# 왜, 우리에게
# 이런 힘든 고난이 있어야 할까요?

우리 교회에는 루게릭병으로 날마다 사투를 벌리면서도 공무원 생활을 하는 자매가 있다. 구루병으로 허리가 반쯤은 굽은 몸으로도 직장생활에 최선을 다하는 형제도 있다. 루프스 병을 앓으면서도 예배사역자로 헌신하는 자매, 폐암으로 기력이 쇠진한 상태에서도 의연하게 경배와 찬양사역에 몸 바쳐서 헌신하는 형제 등, 그들은 모두 고난 돌파의 주역들이다.

어디 이분들뿐이랴. 파킨슨병으로 고생하시는 분, 뇌출혈로 쓰러진 분, 각종 암으로 투병하여 이겨내는 분, 여러 가지 사고후유증으로 시달리는 분들도 많다. 또한 몸의 고통뿐만 아니라, 마음의 고통으로 신음하며 사시는 분들, 경제적 어려움으로 악전고투하는 분들, 인간관계의 상처를 안고 살아가는 분들, 가정 문제로 외로운 싸움을 하고 계신 분들, 잘 나가던 사업이 힘들거나 기울어져 어두운 터널을 통과하고 계신 분들도 적지 않다. 더 나아가서 여러 가지 장애요인을 갖고도 의연하게 살아가는 당신이 곧 고난 돌파의 주역이다.

나도 군대에서 허리뼈 골절로 골반 뼈를 이식하여 융합수술을 받았다. 안타깝게도 실패한 수술 후유증으로 지금도 통증과 싸우며 살고 있다. 졸지에 상이군인이 된 아들을 위로해주려고 어머니가 면회 오셔서 내무반원들에게 떡 파티를 해주신다 하셨는데, 갑자기 심장마비로 돌아가시는 절망적 슬픔도 겪었다. 의병전역 2주 전에 일어난 충격적 비통이었다. 목사안수를 받은 후 어렵사리 캐나다까지 유학을 갔지만 허리 병이 도저서 돌아왔다. 십여 년 전에는 후유증으로 목 디스크까지 터져 인공연골과 플라스틱 지지대를 넣는 큰 수술을 받았다.

　몸의 기둥인 허리와 목뼈의 통증은 나를 고난의 어두운 터널 속으로 몰아넣고 있다. 아프지 않은 날이 없다. 제대로 자지 못하는 고통은 시편의 내용을 공감케 한다. 뼈가 아프다는 것은 필설로 표현이 안 된다. 견디는 방법 이외에는 없다. 고통을 돌파하며 살아야 한다.

　'고난'이 없는 사람이 있을까? 아마도 없을 것이다. 다만 고난이 없기를 바랄 뿐이다. 사람마다 겉보기에는 평탄한 것 같아도, 속으로는 진통하고 있다. 온갖 사연으로 고뇌하며 살고 있다. 양태와 종류가 다를 뿐이지, 천차만별의 고난을 겪으며 살아간다. 더욱이 일반 종교에서는 무탈을 지고의 복으로 여기지만, 기독교는 고난을 이기며 살아가는 자를 복되다고 선언한다. 고난은 피해야할 문제가 아니라, 끌어안아야 할 대상이다. 그래서 돌파해나가야 한다. 이것이

기독교 신앙의 역동성이다.

따라서 사람들은 각자 자신의 고난에 대한 해답을 찾아보려고 「욥기」라는 책을 교과서로 대해본다. 그런데 욥기는 고난의 원인에 대하여 단 한 마디도 규명해주지 않는다. 오히려 매우 냉엄한 메시지만 던져준다. '고난은 그 원인을 규명해야할 문제가 아니라, 수용하고 견뎌야 할 주제다.' 그냥 돌파하며 살아가라는 것이다.

고통의 사람 욥이 그처럼 간곡하고 애절하게 절규하며 호소해보지만, 하나님은 욥에게 결코 고난의 이유를 설명하지 않으신다. 사실 성경 전부는 고난에 대하여 원인의 쟁점보다는 반응의 쟁점으로 방향을 돌리고 있다. 즉 '고통스러운 일은 이미 일어났다. 그러니 이제 너는 어떻게 하겠느냐?'이다. 그렇다. 나에게 어떤 일이 일어나느냐보다, 내가 어떻게 반응하느냐가 더 중요한 것이다.

이것이 욥기의 고난 백서다. 욥의 친구들은 고난의 원인을 변증법의 공식으로 풀어보려 했지만, 결국 오만상을 찌푸린 채 자리를 떠나고 말았다. 욥도 자신의 원인모를 고난에 대한 하나님의 답변을 기대했지만, 하나님은 끝까지 대답하지 않으신다. 그 대신 하나님은 욥이 승리자가 되기만을 바라신다. 그래서 욥기의 주제는 고난에 대한 사람의 인내가 아니다. 우리가 고난 테스트에 합격하기 까지 기다려주시는 하나님의 인내가 욥기의 더 큰 메시지다. 그러므로 욥기는 고통에 대한 우리의 의구심을 사라지게 해주고, 그 대신 하나님을 더 깊이 알게 해준다. 욥기는 우리가 고통당하는 것이 하나님께서 우리를 인과응보 식으로 벌하시는 것이라는 고정관념을 바꿔놓고 있다. 율법주의 신앙에 대한 패러다임 쉬프트 메시지다. 고난은 하나님의 형벌이 아니라, 하나님의 절대적 주권과 섭리의 범주라는 것이다. 누구도 원하지 않지만, 누구나 받아들여야 하는 선물(?)이다.

그렇다면 '내가 고통당할 때 하나님은 어디 계시는가?' '하나님은 도대체 왜 나에게 이러시는 건가?' 앨런 페이톤은 감동적으로 말한다. "우리에게 어떻게 고난을 견딜 수 있는지를 가르쳐주시기 위해 주님도 고난을 당하셨다고 믿는다. 고난이 없는 삶은 존재하지 않는다는 것을 그분은 아셨기 때문이다."

그래서 주님은 우리가 고난의 원인을 묻기보다, 견디려는 자세를 취하라고 하신다. 고통의 관문을 통과하며 살아가라 하신다. 그러면서 주님은 우리 곁으로 찾아오신다. 도와주신다. 간난신고(艱難辛苦), 뼈를 깎는 듯한 고난의 세월을 거치며 연단을 받은 후에 정금 같은 믿음에 이른 사람을 자랑스러워하신다. 공개적으로 격찬하신다. 더 크게 축복하신다. 이것이 욥기의 메시지다. 그래서 욥기는 고난 백서라 말할 수 있다.

오늘도 욥기는 살아 있는 교과서다. 당신으로 하여금 그 어떤 모진 고난도 견딜 수 있도록 멘토와 친구가 되어 줄 것이다. 행복한 결말을 보도록 정상에 우뚝 서게 해줄 것이다. 마침내 고난은 당신을 더욱 하나님께로 향하게 해준다. 고난의 터널을 통과하고 돌파하는 만큼 주님이 원하시는 영성향상을 이루어가게 될 것이다. 다시 한 번 더 피력해 본다. '고난은 그 원인을 규명해야할 문제가 아니라, 수용하고 견뎌야 할 주제다.' 돌파하며 살아가야 한다. 결과적으로 당신을 제이, 제삼의 욥이 되게 하실 것이다.

부연하여 오늘도 나의 고통을 분담해주는 사랑의 파트너 아내와 가족들에게 감사하며, 늘 애잔한 가슴으로 기도해주시는 교우들과, 이 책이 나오기까지 편집과 교정에 힘써준 동역자들에게 감사를 드린다. 그리고 섬세한 기획과 참신한 디자인을 통해 책의 내용을 더욱 살아나게 해주신 김용호 대표님과 직원들에게 큰 감사를 드린다.

당신의 친구가 되고 싶은
조 봉희 드림

# CONTENT

# 행복한 결말 보기

"우스 땅에 욥이라 불리는 사람이 있었는데 그 사람은 온전하고 정직하여 하나님을 경외하며 악에서 떠난 자더라"(욥기 1:1)

"보라 인내하는 자를 우리가 복되다 하나니 너희가 욥의 인내를 들었고 주께서 주신 결말을 보았거니와 주는 가장 자비하시고 긍휼히 여기시는 이시니라"(야고보서 5:11)

## 자랑스러운 대한민국 사람으로...

미국 정계에 진출하여 교육부 차관보까지 역임한 강영우 박사를 알고 있을 것이다. 그의 경력은 화려한 것 같으나, 내면적으로는 고난의 인생을 살았다.

그는 중3때 체육시간에 골키퍼를 하다가 친구가 찬 공에 눈을 맞아 실명했다. 설상가상으로 아버지는 이미 3년 전에 돌아가셨고, 어머니는 아들이 실명한 충격으로 8시간 만에 요절하셨다.

얼마나 청천벽력 같은 불운 속으로 빠진 인생인가?

이런 인생의 악천후 속에서도 그는 모든 고난의 터널을 잘 통과하여 세계적 인물이 되었다. 그런데 그는 췌장암 말기 선고를 받고 한두 달밖에 남지 않은 인생을 살았다.

**왜 우리에게는 이런 힘든 고난이 있어야할까?**

특히 하나님을 잘 믿고 훌륭한 신앙으로 사는 사람에게도 왜 그처럼 모질고 혹독한 시련이 찾아올까?

우리는 때때로 애절하게 하소연해보기도 한다.

"하나님, 왜 저에게 이런 고통을 주십니까?

왜입니까?

도대체 언제까지입니까?

하나님, 당신은 왜, 제 고통을 외면하십니까?

당신은 어찌하여 내가 겪고 있는 고난의 현실을 방관하고 계십니까?"

그런데 강영우 박사는 인간 승리자답게 고통과 시련을 직면하며 살아가야하는 우리에게 이런 긍정적 신앙을 심어준다.

"암보다 깊은 병은 '포기'이다. 부정적인 생각으로 자기 자신을 포기하는 것이 가장 나쁘다. 긍정과 부정은 컴퓨터 자판의 '스페이스바' 하나 차이다. 영어로 impossible(못한다)에 점 하나를 찍으면, I'm possible(나는 할 수 있다)로 바뀐다."

그야말로 자신의 반응에 따라 포기를 포기하고 사는 역동적인 승리자가 될 수 있다.

상도교회 최승일 목사님께서 고난의 이면에 숨어 있는 뜻을 일곱 가지로 잘 정리해준다.

**첫째,** 고난이 심한 것은 뭔가 새로운 것이 일어날 징조다.

**둘째,** 때때로 고난은 인생의 지름길이 된다.

**셋째,** 육적 고난 속에서 정신적으로 영적으로 부요가 피어난다.

**넷째,** 고난 없이 얻은 승리나 성공은 오래가지 못한다.

**다섯째,** 고난은 선한 사람에게도 찾아온다.

**여섯째,** 이 세상에 극복하지 못할 고난은 없다.

**일곱째,** 하나님은 고난 당하는 인생들을 돌아보신다는 것이다.

따라서 우리는 어떤 혼란스런 고난의 소용돌이에서도 포기하지 말고 견뎌내야 한다.

우리가 욥을 존경하는 여러 가지 이유 중 하나가 있다면 바로 그의 「인내」 때문이다.

욥기의 주제는 고통(suffering)에 대한 인내이다. 우리가 알고 있는 욥이라는 인물은 고난의 사람이기보다, 인내의 사람이다.

어떤 역사학 교수가 이런 말을 했다.

"콜럼버스가 항해를 포기했다고 해도 아무도 그를 비난하지 않았을 것이다. 하지만 만일 포기 했다면 그를 기억하는 사람도 없었을 것이다."

그래서 야고보는 욥의 훌륭한 특성이 「인내」에 있다고 경의를 표한다.

『보라 인내하는 자를 우리가 복되다 하나니 너희가 욥의 인내를 들

었고 주께서 주신 결말을 보았거니와 주는 가장 자비하시고 긍휼히 여기시는 이시니라』(야고보서 5:11)


사실 욥기는 인생의 고난이 다 설명될 수 없는 특성을 갖고 있다고 가르쳐준다. 그러기에 인생의 딜레마는 이해할 수 없고, 용납하기 어려워도 참고 견디라는 메시지이다.

성경은 고통의 문제에 대한 해결책을 다 주고 있지 않다.

다만 하나님께서 궁극적으로 좋은 결말을 이루실 것이니 참고 견디라는 것이다.

그래서 욥은 그처럼 참혹한 고난도 끝까지 참고 견디므로 결말을 본 승리자가 되었다.


최근에 YouTube를 통해 매우 감동적인 영상을 보았다.

보면 볼수록 마치 욥기의 메시지를 느끼게 해준다.

미식축구팀의 코치는 Brock Kelly 선수로 하여금 멋진 승리자가 될 수 있는 자신감을 키워준다. 코치는 Brock에게 "결코 포기하지 말라"는 말을 수십 번 반복하며 그로 하여금 결승선까지 가도록 힘차게 응원해준다.

특히 코치는 Brock 선수 옆을 따라가면서 계속 반복해서 외치며 부탁한다.

"최선을 다해라!"

"계속해서 가!"

"멈추지 말고 계속 가!"

"포기하지 마!"

"결코 포기하지 마!"

"Keep going. you best. very best. don't stop. don't quit."

"조금만 더 가라!" 그의 곁에서 끊임없이 호소한다.


더구나 코치는 처음부터 Brock의 두 눈을 눈가리개로 가려서 앞으로 그가 기어가야하는 운동장의 거리를 보지 못하게 했다. 드디어 Brock이 결승선까지 왔을 때 그는 눈가리개를 열어주며 감격스럽게 외친다.

"너는 드디어 end-zone까지 온거야."


코치의 응원과 호소는 고난의 길을 걷고 있는 우리에게 들려 주시는 하나님의 음성과 같다.

"너도 end-zone, 결승선까지 갈 수 있어. 너도 결말을 보는 승리자가 될 수 있어."


Brock 선수가 160파운드나 되는 무거운 친구를 등에 업고도 결승라인까지 간 것처럼 우리도 인생의 고통스런 짐을 지고 살아 가면서 포기하지 않고 끝까지 견디면 하나님께서 이루어주시는 행복한 결말을 보게 될 것이다.

마치 코치가 선수의 눈을 가려서 그가 앞으로 가야할 거리를 보지 못하게 한 것처럼 하나님은 때때로 우리에게 쉽게 답을 주지 않는다. 그래서 더욱 이해가 안가고 답답할 수 있다.

그래도 우리가 참고 견디면 어느새 그분이 계획하신 결승선까지 가게 된다.


사도 바울은 디모데후서 2장 12절에서 이렇게 격려한다.

『당신도 끝까지 참고 견디면 주님과 함께 왕 노릇할 것입니다.』

우리가 견디기만 하면 사그라지는 석양 인생이 아니라, 솟아오르는 일출 인생이 되는 것이다.

그러므로 우리는 어떤 상황에서도 포기하지 말아야한다.

**오히려 포기를 포기해야 한다.**

우리의 한계가 바닥이 날 때 주님은 반드시 찾아와주신다.

이것이 욥기의 희망 복음이다.

욥도 연약한 인간인지라, 더 이상 버티기 어려운 극한 상황에 처했을 때 주님은 드디어 찾아 오셔서 모든 불행을 극복해주시고, 회복해주신다.


오늘 우리도 주님의 찾아오심을 기대하며 기다리기 바란다.

당신의 기도응답이 지연되는 것은 거절되는 것이 아니다.

(A delay is not a denial)

내가 기다리고 있는 동안, 하나님은 역사하고 계신다.

(While I am waiting, God is working)

나는 잘 모르지만, 주님은 분명히 좋은 계획을 갖고 계신다.

복된 섭리로 진행하고 계신다.

따라서 우리는 포기에 익숙한 자가 되지 말고, 끈기에 익숙한 사람이 될 수 있기를 바란다.


이사야 선지자는 이런 위로의 말씀을 준다.

『주님의 도우심을 기다리는 자는 실망하지 않을 것이다.』(이사야 49:23)

우리가 잘 알듯이 욥은 온 몸이 만신창이가 되고, 마음과 영혼이 갈기갈기 찢어지는 상처와 아픔 중에도 잘 참고 견뎌냈다.

야고보 사도께서는 바로 그런 견인불발의 신앙인 욥을 거울삼자는 것이다. 욥은 그야말로 도저히 이해될 수 없는 삶의 정황에서도 끝까지 참고 인내하므로 행복한 결말을 본 인간 승리자이다.


기억하라!

고난은 그 원인을 물어야 할 문제라기보다, 견뎌야할 문제이다.

이해가 안가고, 대답이 없어도, 그래도 우리가 믿음의 뚝심으로 견뎌 내고자할 때 주님이 친히 찾아와주신다. 긍휼과 자비로 도와주신다. 나의 한계가 곧 하나님의 시작이다.

주님께서 베푸시는 연민과 자비는 참으로 풍성하다.

얼마나 황홀한 위로와 희망의 말씀인가?

내가 아파하는 것보다 주님이 더 아파하시고, 내가 못견뎌하는 것보다 주님이 더 견디기 어려워 하신다. 내가 답답해하는 것보다 주님이 더 애가 타시고 안타까워하신다.

내가 고통과 아픔 때문에 힘들어할수록 주님은 나를 더욱 불쌍히 여기시며 측은히 여기신다.

그래서 주님은 내 곁에 찾아오셔서 끝까지 인내하며 견디라고 용기를 주시며 응원해주신다.

오늘도 주님이 내 곁에서 끊임없이 용기를 주고 계신다.

불타는 사랑으로 돕고 계신다.

어떻게 해서든지 우리를 영광의 결승선까지 데려다주신다.

그러기에 당신도 조금만 더 참고 견디면 복된 결말을 보는 승리자가 될 수 있다.

야고보서 5장 11절은 더욱 심플하면서도 확실하게 선언한다.
『보십시오. 참고 견딘 사람은 복되다고 우리는 생각합니다. 여러분은 욥이 어떻게 참고 견디었는지를 들었고, 또 주님께서 나중에 그에게 어떻게 하셨는지를 알고 있습니다.』

우리도 욥처럼 끝까지 참고 인내하므로 행복한 결말을 보는 인간 승리자가 될 수 있다.

클린턴 하웰의 시「포기하지만 않는다면 …」을 읽으므로 새 힘을 얻고자한다.

「포기하지 말아요」

때때로 그렇듯 일이 잘못될 때,

앞에 언덕길만 계속되는 것 같을 때,

주머니 사정이 나쁘고 빚이 불어날 때,

웃고 싶지만 한숨만 나올 때,

근심이 마음을 짓누를 때,

쉬어야겠다면 쉬세요.

하지만 포기하지는 말아요.

때때로 그렇듯 인생이 풍파로 얼룩질 때,

실패에 실패만 이어질 때,

잘하면 될 수도 있었을 텐데 그러지 못했을 때,

걸음을 늦추더라도 포기하지는 말아요.

한 번만 더 해보면 성공할지 모르니까요.

힘들어 머뭇거려진다면 기억하세요.

목표가 보기보다 가까이 있는 때도 많다는 것을.

승자가 될 수 있었는데 노력하다 포기하는 경우도 많지요.

금관이 바로 저기 있었다는 것을

너무 늦게 깨달았죠.

이미 슬그머니 밤이 온 후에야.


성공은 실패를 뒤집어 놓은 것.

당신은 성공에 가까이 다가왔지요.

멀리 있는 듯 보이지만 성공은 가까이 있을지 몰라요.

그러니 너무 힘들 때도 끈질기게 싸워요.

최악으로 보이는 상황이야 말로

포기하면 안 되는 때이니까요.


이 책이 당신에게 참고 견딜 수 있게 하는 희망을 더욱 견고히
해주길 기도한다.

# 복받을 그릇

그에게 아들 일곱과 딸 셋이 태어나니라 그의 소유물은 양이 칠천 마리요 낙타가 삼천 마리요 소가 오백 겨리요 암나귀가 오백 마리이며 종도 많이 있었으니 이 사람은 동방 사람 중에 가장 훌륭한 자라 그의 아들들이 자기 생일에 각각 자기의 집에서 잔치를 베풀고 그의 누이 세 명도 청하여 함께 먹고 마시더라

"우스 땅에 욥이라 불리는 사람이 있었는데 그 사람은 온전하고 정직하여 하나님을 경외하며 악에서 떠난 자더라 그에게 아들 일곱과 딸 셋이 태어나니라 그의 소유물은 양이 칠천 마리요 낙타가 삼천 마리요 소가 오백 겨리요 암나귀가 오백 마리이며 종도 많이 있었으니 이 사람은 동방 사람 중에 가장 훌륭한 자라 그의 아들들이 자기 생일에 각각 자기의 집에서 잔치를 베풀고 그의 누이 세 명도 청하여 함께 먹고 마시더라 그들이 차례대로 잔치를 끝내면 욥이 그들을 불러다가 성결하게 하되 아침에 일어나서 그들의 명수대로 번제를 드렸으니 이는 욥이 말하기를 혹시 내 아들들이 죄를 범하여 마음으로 하나님을 욕되게 하였을까 함이라 욥의 행위가 항상 이러하였더라" (욥기 1:1~5)

## 지금까지는 사업의 성공률이...

 열 명 중 한 명꼴로, 10%였는데, 이제는 0.1%에 불과하다.

천 명 중 한 명만 겨우 성공하는 것이다. 이처럼 성공률이 1000대 1 밖에 안 되는 극심한 경쟁을 뚫고 성공한 미국 실리콘밸리의 벤처기업가들은 "요즘처럼 치열한 경쟁시대에 살아남는 가장 큰 힘이 무엇이냐?"라는 질문에 참 간단한 대답을 한다.

모두가 하나같이 성공의 기본은 「리더십의 정직」에 있다고 말한다.


미국의 유명한 배우이자 코미디언 조지 번스는 "배우로서 가장 어려운 연기는 '정직'을 연기하는 것이다. 배우가 정직을 완벽하게 연기할 수 있으면 그의 인격은 훌륭하게 봐도 좋다."고 말한다.

정직은 결코 연기만으로는 가능할 수 없는 분야이기 때문이다.

아무리 연기라할지라도 본인 자신이 정직하지 않고는 진실하게 표현할 수 없다는 것이다.

최근 "21세기형 경영자가 되기 위해 필요한 자질이 무엇이냐?"는 질문에 88%가 윤리성이라고 대답한다. 현대적 표현으로 기업 성공의 기초는 윤리경영에 있는 것이다.

지금도 미국에서 존경받는 크리스천 기업가 Paul. J. Meyer가 가장 강조하는 사업성공의 요소는 정직이다.

그는 이렇게 말한다.

"당신이 가진 것이 오직 정직뿐이라면, 당신은 모든 것을 가진 것이다."

한국의 대표적인 크리스천기업 이랜드는 IMF 때 파산 직전까지 갔다가 파산 신청 하루를 앞두고, 한 외국기업의 엄청난 투자로 절묘하게 살아났다.

박성수 회장이 그 외국기업 간부에게 아무 연고 없는 자신의 회사에 어떻게 거액 투자를 결정하게 되었느냐고 물었을 때 그는 이렇게 대답했다.

"우리가 한국에 투자할 만한 회사들을 다 조사했는데, 당신 회사만이 이중장부를 쓰지 않았더군요. 당신은 정직했기 때문에 살아난 겁니다."

그때 박성수 회장은 평소 고지식할 정도로 정직하게 기업을 경영해오던 자신을 융통성이 없다고 비난했던 수많은 소리들을 기억했다. 그리고 눈물을 흘리며 이렇게 고백했다.

"정직하면 보통 때는 힘든 게 사실이지만, 죽고 사는 것이 달린 절체절명의 진짜 위기 앞에서 하나님은 정직한 자의 손을 들어주십니다."

어떤 저자가 「정직한 사람의 행복」에 대해 이렇게 정의해준다.
● 하나님께 정직한 사람은 겸손하고
● 자신에게 정직한 사람은 떳떳하고
● 이웃에게 정직한 사람은 공정하고
● 일에 정직한 사람은 성실하며
● 동료에게 정직한 사람은 신뢰받는다.

욥이 바로 이런 사람이었을 것이다.

그는 얼마나 순진하고 성실한 사람이었는지 하나님께서 여러 차례 자랑하신다. 특히 털끝만한 결점이나 흠도 찾아내어 헐뜯는 사탄에게도 두 번씩이나 자랑하신다. 얼마나 품위 있게 자랑하시는지…『내 종 욥』이라고 불러주신다.

『여호와께서 사탄에게 이르시되 네가 내 종 욥을 주의하여 보았느냐 그와 같이 온전하고 정직하여 하나님을 경외하며 악에서 떠난 자는 세상에 없느니라.』(욥기 1:8)

『여호와께서 사탄에게 이르시되 네가 내 종 욥을 주의하여 보았느냐 그와 같이 온전하고 정직하여 하나님을 경외하며 악에서 떠난 자가 세상에 없느니라 네가 나를 충동하여 까닭 없이 그를 치게 하였어도 그가 여전히 자기의 온전함을 굳게 지켰느니라』(욥기 2:3).

욥이 엄청난 갑부가 되는 복을 받을 수 있었던 이유도 바로 여기에 있다. 그는 부자가 되려고 용을 써서 거부가 된 것이 아니라, 하나님이 큰 복을 주셔서 갑부가 된 것이다.

학자들의 해석에 의하면 욥은 오늘날 대기업의 재벌총수보다 더 큰 부자였다.

오늘 우리도 먼저 신앙의 그릇을 깨끗이 준비하는 만큼 하나님께서 모든 좋은 것으로 복 주실 줄 믿기를 바란다.

그러면 우리가 어떻게 살아야 복 받을 그릇이 될 수 있을까?


# 1. 신실한 신앙인이 되어야한다.

성경은 욥의 신앙인격을 아주 훌륭하게 격찬한다.

구약성경 에스겔서 14장 14절에서는 인류역사상 가장 진실하고 정직한 사람 세 명을 소개한다.

노아, 다니엘, 그리고 욥이다.

욥기 1장 1절에서도 『그 사람은 온전하고 정직하여 하나님을 경외하며, 악에서 떠난 자더라.』라고 소개한다.

그는 하나님을 전심으로 섬긴 사람이다. 위선이나 이중성이 전혀 없는 순진무구의 사람이다. 하나님은 순진하고 신실한 신앙의 사람을 찾으신다. 그리고 큰 복을 주신다.


최근 미국에서 뜻밖의 흥행기록을 세운 영화 한 편이 있다.

세상의 모든 아버지들에게 들려주는 감동과 울림의 명화이다.

영화 제목은 「Courageous」(용기)이다.

내용은 신실한 신앙을 가진 아버지의 고뇌이야기이다.

잔잔한 감동을 준다.

히스패닉 계통의 하비라는 사람은 직장을 잃고 가족을 부양하기 위해 이리저리 전전긍긍한다.

어느 날 어렵게 얻은 직장에서 생산물량 재고와 발송 업무를 담당할 매니저 자리를 제의받는다. 그러나 장부에 허위보고서를 기재하라는 부정직한 업무도 함께 받아들이는 결탁조건이었다.


가난하게 살고 있었던 그의 아내는 그가 크리스천 양심을 따라 결정하게 되면 빈곤하게 살고 있는 가족들에게 어떠한 영향을 미치게 될지 알기에 어쩔 수 없는 현실과 타협하라고 설득했다.

사랑하는 아내가 또 다시 궁핍한 시절로 돌아가고 싶지 않다고 하소연하며 눈물 흘리는 애잔한 모습을 보며 그는 잠시 고민에 빠진다.

그러나 순수하고 신실한 신앙을 가진 하비는 다음날 사장을 찾아가 용감하게 매니저 자리를 거절한다.

"저는 하나님과 가족의 명예를 실추시킬 수 없습니다."

그러나 사장은 예상 밖의 반응을 보인다.

크리스천답게 신앙양심을 지키고자 용기있게 결단한 그를 높이 칭찬하면서 이렇게 축복한다.

"자네는 신실한 신앙을 지켰네. 우린 당신 같이 믿을 수 있는 사람이 필요하네."

이것은 정직한 사람을 채용하기 위한 테스트였던 것이다. 그래서 그는 곧 매니저로 승진하여 행복한 직장생활을 하는 내용이다.

영화의 주제는 신실한 신앙인으로 살아가는 용기를 가져보자는 것이다.

이미 소개한 이랜드 박성수 회장처럼 우리가 먼저 하나님께 복받을 그릇으로 준비되기만 하면 하나님께서 손들어 도와주신다.

**정직하면 보통 때는 힘든 게 사실이지만, 죽고 사는 것이 달린 절체절명의 진짜 위기 앞에서 하나님은 정직한 자의 손을 들어주신다.**

오늘 우리도 하나님이 손들어주시는 인생이 되기를 축원한다.

욥기 8장 6,7절에서 정직한 사람을 이렇게 축복한다.

『하나님은 정직한 자를 반드시 돌보아주시므로, 시작은 미약할지라도, 나중은 심히 창대하리라.』

시편 112편 2절은 정직한 사람의 후대가 받을 축복을 이렇게 보장한다.

『정직한 사람의 자손은 실력 있는 자가 되며, 그의 집에는 부귀와 영화가 있을 것이다.』

잠언에서는 정직한 사람에게는 하나님의 은혜가 따르고, 보호하심과 흥왕의 복이 따르고, 그를 안전한 길로 인도해주시고, 높이 세워주시는 축복을 수없이 강조한다.

한 마디로 우리가 신실한 신앙으로 살기만 하면 하나님께서 손을 들어 축복해주신다.

## 2. 경건한 아버지가 되어야한다.

욥은 자녀들로부터도 존경받는 경건한 아버지 모델을 보여준다.

그는 아버지로서 제사장 역할을 성실하게 수행했다. 그는 경건한 아버지로서 자녀들에게 영적 리더십을 발휘했다. 그래서 그는 이미 결혼하여 분가해서 살고 있는 7명의 아들들까지 정기적으로 불러다가 축복기도를 해주었다.

욥은 거룩한 아버지, 경건한 아버지, 기도하는 아버지, 예배를 최우선하는 아버지, 신앙의 모델이 되는 아버지이다.

오늘 우리는 자녀들에게 어떤 모델을 보여주고 있는가?

자녀들은 우리의 신앙생활을 어떻게 평가하고 있을까?

"우리 아빠, 우리 엄마는 하나님을 경외하는 분이셔."

"우리 아빠, 우리 엄마는 하나님을 사랑하는 분이셔."

이런 존경모델이 되기를 바란다.

욥이 얼마나 경건한 신앙으로 자녀들에게 본이 되었는지 본문 5절에서는 이렇게 평가해준다.

『욥의 행위가 항상 이러 하였더라.』

NIV라는 영어성경 번역이 참 멋지다.

『This was Job's regular custom.』

그의 경건생활이야말로 일상의 영성이 된 것이다. 그는 자녀들에게 경건생활의 규범을 보여주는 아버지였다. 영적으로 맞춤형 리더십을 가진 아버지였다.

요근래 우리나라 여성복지부와 통계청에서 조사한 「청소년 종합실태 조사」에 따르면, 우리나라 청소년들은 아버지와 충분한 대화를 나누지 못한 채 살아가고 있다고 한다.

그 대신 아이들은 TV 시청이나 인터넷 영상을 보는데 일주일에 30시간에서 50시간을 보낸다. 따라서 아이들 중 23%는 아버지와 함께 하는 시간을 전혀 가지지 못한 채 성장한다고 한다.

50년 전까지만 해도 아이들은 가족들과 대화하면서 하루에서너 시간을 보냈다. 그런데 오늘날 아이들은 가족들과 14분 30초를 보내며, 그 중 12분 동안은 부정적인 말이나, 질책을 듣는다고 한다. 모처럼 만에 온 가족이 함께 앉게 되면 처음에는 잠깐 좋으나, 곧 이어 꾸중과 훈시가 이어진다. 아이들은 기분만 상해가지고 자기 방으로 들어가 버린다.

그래서 현대 청소년들은 '아버지 갈증'(Father hunger)을 느끼고 있다. 십대청소년들 중 4%만 아버지에게 가서 진지한 대화를 나눈다고 한다.

그들이 "위기상황에서 도움을 얻기 위해 누구를 찾느냐?"는 질문을 받았을 때, 이들의 목록에서 아버지의 순위는 48위에 불과하다.

그들에게 아버지라는 존재는 학원비만 대주는 후견인일 뿐이다. 너무나 서글픈 현실이다.

오늘 우리는 자녀들에게 어떤 롤 모델을 하고 있는가?

어떤 영향을 주고 있다고 생각하는가?

신앙생활에서 당신은 얼마나 경건한 아버지인가?

어떤 영적 리더십을 보여주고 있는가?

**특히 부모가 자녀들에게 남겨줄 가장 가치 있는 유산은 그들이 모방할만한 당신의 영성생활이다.**

자녀들에게 필요한 것은 비평이나 훈계 이전에 모범적 모델이 되는 것이다.

어떤 상담자의 보고에 의하면 "감옥에서 아버지에 대한 존경심이나 애정을 가진 죄수를 한 사람도 만나보지 못했다."고 말해 준다. 자녀들에게 좋은 본을 보여주지 못했기 때문에 탈선한 것이다.

안타깝게도 현대 부모는 자녀들에게 교과서에서 참고서로 밀려나고 있다.

미국에서 가장 행복한 100가정을 대상으로 연구한 결과가 놀랍다.

건강한 가족의 최대 주제는 「영성」이라는 점이다.

100가정 중 90%의 가족들은 영성에 가장 큰 비중을 두고 있다.

"영성이 긴밀한 가족관계를 형성하고, 더욱 사랑이 넘치게 하고, 가족들을 돌보아 주는 우산이다."라고 보고해 준다.

그 가정의 영성이 곧 가정 행복의 우산이다. 그러므로 자녀교육의 성패는 주거 환경, 경제 배경, 교육 환경 이전에 신앙 환경이 중요하다. 특히 아버지의 경건생활이 가정의 행복을 좌우한다.

그러므로 가정의 제사장인 아버지가 기도해야한다.

아버지가 먼저 무릎 꿇고 기도해야한다.

우리 교회는 어머니기도회가 참 감동적이다.

매주 수요일은 어머니기도회로 모여 뜨거운 눈물과 애절한 가슴으로 기도한다.

따라서 아버지도 기도해야한다.

아버지의 무릎 꿇은 영성이 자녀들을 큰 인물 되게 한다.

아버지가 무릎 꿇으면 기적이 일어난다.

가장이 기도해야 가정이 행복하다.

가장이 엎드려 기도하면 하늘이 열린 가정이 된다.

자녀들의 미래 지평이 열린다.


사랑하는 부모들이여.

우리 자신이 먼저 복 받을 그릇이 되어야한다. 신실한 신앙인으로 살고, 경건한 부모로 사는 만큼 우리 가정에 하나님이 주시는 큰 축복의 문이 열릴 줄 믿기 바란다.


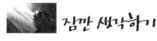 잠깐 생각하기

1. 어떨 때 가장 정직하기가 힘들었습니까?

2. 당신에 대한 우리 가족의 평가는 어떻습니까?

3. 당신은 가족(특히 자녀)들과 하루 얼마정도의 대화시간을 가지고 있습니까?

4. 가족에게 남겨 줄 수 있는 당신의 신앙관을 한 마디로 표현해 봅시다.

# 쓰러지지 않는
# 오뚝이 신자

**2**

네가 내 종 욥을 주의하여 보았느냐 그와 같이 온전하고 정직
하여 하나님을 경외하며 악에서 떠난 자가 세상에 없느니라 네
가 나를 충동하여 까닭 없이 그를 치게 하였어도 그가 여전히
자기의 온전함을 굳게 지켰느니라

"하루는 하나님의 아들들이 와서 여호와 앞에 섰고 사탄도 그들 가운데에 온지라 여호와께서 사탄에게 이르시되 네가 어디서 왔느냐 사탄이 여호와께 대답하여 이르되 땅을 두루 돌아 여기저기 다녀왔나이다 여호와께서 사탄에게 이르시되 네가 내 종 욥을 주의하여 보았느냐 그와 같이 온전하고 정직하여 하나님을 경외하며 악에서 떠난 자는 세상에 없느니라 사탄이 여호와께 대답하여 이르되 욥이 어찌 까닭 없이 하나님을 경외하리이까 주께서 그와 그의 집과 그의 모든 소유물을 울타리로 두르심 때문이 아니니이까 주께서 그의 손으로 하는 바를 복되게 하사 그의 소유물이 땅에 넘치게 하셨음이니이다 이제 주의 손을 펴서 그의 모든 소유물을 치소서 그리하시면 틀림없이 주를 향하여 욕하지 않겠나이까 여호와께서 사탄에게 이르시되 내가 그의 소유물을 다 네 손에 맡기노라 다만 그의 몸에는 네 손을 대지 말지니라 사탄이 곧 여호와 앞에서 물러가니라 하루는 욥의 자녀들이 그 맏아들의 집에서 음식을 먹으며 포도주를 마실 때에 사환이 욥에게 와서 아뢰되 소는 밭을 갈고 나귀는 그 곁에서 풀을 먹는데 스바 사람이 갑자기 이르러 그것들을 빼앗고 칼로 종들을 죽였나이다 나만 홀로 피하였으므로 주인께 아뢰러 왔나이다 그가 아직 말하는 동안에 또 한 사람이 와서 아뢰되 하나님의 불이 하늘에서 떨어져서 양과 종들을 살라 버렸나이다 나만 홀로 피하였으므로 주인께 아뢰러 왔나이다 그가 아직 말하는 동안에 또 한 사람이 와서 아뢰되 갈대아 사람이 세 무리를 지어 갑자기 낙타에게 달려들어 그것을 빼앗으며 칼로 종들을 죽였나이다 나만 홀로 피하였으므로 주인께 아뢰러 왔나이다 그가 아직 말하는 동안에 또 한 사람이 와서 아뢰되 주인의 자녀들이 그들의 맏아들의 집에서 음식을 먹으며 포도주를 마시는데 거친 들에서 큰 바람이 와서 집 네 모퉁이를 치매 그 청년들 위에 무너지므로 그들이 죽었나이다 나만 홀로 피하였으므로 주인께 아뢰러 왔나이다 한지라 욥이 일어나 겉옷을 찢고 머리털을 밀고 땅에 엎드려 예배하며 이르되 내가 모태에서 알몸으로 나왔사온즉 또한 알몸이 그리로 돌아가올지라 주신 이도 여호와시요 거두신 이도 여호와시오니 여호와의 이름이 찬송을 받으실지니이다 하고 이 모든 일에 욥이 범죄하지 아니하고 하나님을 향하여 원망하지 아니하니라"(욥기 1:6~22)

 **우리나라 연간 총 사망자 수는...**

25만 5천명으로 하루 평균 7백 명씩 죽는다.
그런데 71%가 암과 뇌혈관질환, 심장질환, 돌발적인 사고로 죽는다.

이처럼 대부분의 불행은 불시에 찾아온다.

고난과 시련은 불청객이다.

고난은 예측할 수 없다.

날벼락같이 온다.

인생의 고난과 시련은 복병이 한순간에 들이 닥치듯이 느닷없이 올 수 있는 것이다. 그야말로 반갑지 않은 불청객으로 찾아오는 것이다. 그래서 뜻밖의 사고로 평생 고생하며 살아가는 사람이 많다.

건강했던 사람이 치명적인 암 선고를 받고 사투를 벌이는 경우가 많다.


　오늘 본문을 보면 그처럼 유복하게 살았던 욥에게도 고난이 갑작스럽게 엄습했다.
　그래서 6절에서는 '하루는'이라는 단어로 시작한다.
　그리고 계속해서 '갑자기'라는 단어로 모든 상황이 전개된다.
　오늘 이야기는 「어느 날 갑자기」 벌어진 사건보도이다.


　어느 날 갑자기 강도떼가 나타나 목장의 양떼들을 강탈했다.
　어느 날 갑자기 마른하늘에 천둥번개가 쳐서 목장의 가축 떼와 일꾼들이 다 죽었다. 그리고 갑자기 돌풍이 불어 집이 무너지는 바람에 사랑하는 아들딸 10명이 한꺼번에 죽었다.
　모든 일은 어느 날 갑자기 일어난 것이다.
　전혀 무방비 상태에서 한순간에 벌어진 사건이다.
　스코틀랜드의 훌륭한 설교자 알렉산더 화이트는 이렇게 표현한다.
　"욥은 한 가닥의 슬픔을 겪은 것이 아니라, 한꺼번에 밀려오는 슬픔을 겪었다."
　마치 영화의 한 장면 같다. 모든 것이 한순간에 돌발적으로 발생하였다. 너무 많은 사고가 한꺼번에 일어나 어디서부터 어떻게 반응하고 수습해야할지 속수무책이었다.
　욥의 경우와 마찬가지로 우리에게도 이유를 모르는 어려움이 갑작스럽게 찾아올 수 있다. 아이러니하게도 착하고 선한 사람일수록 이유를 모르는 고난으로 시련을 겪는 것을 흔히 본다.

이것이 바로 신자가 당하는 고난의 수수께끼이다. 우리가 세상에서 의아스럽게 여기는 고난의 신비이다. 천벌을 받아 마땅한 악인은 떵떵 거리며 부귀영화를 누리고 사는데, 착한 신앙으로 사는 사람들은 오히려 모질고 험한 고난을 당하는 경우가 많다.

이미 설명한대로 욥은 어느 날 갑자기 재산을 다 잃고, 자식도 잃고, 모든 것을 한꺼번에 다 잃었다. 그는 모든 사람들이 머리 숙여 존경하는 청결한 믿음의 사람이었음에도 불구하고 도저히 받아들일 수 없는 혹독한 시련을 당면했다.

아무리 생각해도 하나님께서 이렇게까지 하실 수 있는가 납득이 가지 않았다. 더구나 하나님은 그의 환난에 대하여 한 마디도 대답하지 않으셨다.

이런 수수께끼 같은 고난의 현실에 대하여 잘 해석할 필요가 있다.

세 가지로 조명해 본다.

**첫째, 교정적 고통이다.**

우리를 바로잡기 위해 고난과 징계가 필요할 수 있다.

**둘째, 건설적 고통이다.**

우리를 성숙한 사람 만들기 위해 시련과 연단이 필요하다.

**셋째, 섭리적 고통이다.**

어떤 고난은 하나님의 큰 목적을 이루기 위해 필요하다. 즉 하나님은 고통이라는 방법을 통해 더 큰 유익과 축복을 가져다주시는 것이다.

그래서 외과 의사들이 아이들을 수술하기 전에 이렇게 달래주는 말을 참조하면 이해가 쉽다.

"내가 너를 아프게 할지는 몰라도, 너에게 손해를 입히지는 않을 것이다."

나도 고난의 숨은 뜻을 긍정적으로 해석한다.

그래서 '고난 때문에'라기보다, '고난 덕분에'라고 해석하면 더욱 마음의 여유가 생긴다.

문제 때문에가 아니라, 문제 덕분이다.

가난 때문에가 아니라, 가난 덕분이다. 약함 때문에가 아니라, 약함 덕분인 것이다.

그렇다.

당신의 약함이 약간 고통스러울 수는 있어도, 하나님께서 손해를 입히시지는 않으심을 믿자.

당신의 약함 덕분에 하나님의 큰 은혜가 작용할 줄 믿기를 바란다.

인생의 고난에 대하여 하나님은 대답하지 않는 경우들이 많다. 그에 대하여 우리가 어떻게 반응해야할 지는 우리가 선택할

영역이다.

　치명적 췌장암을 선고받은 강영우 박사는 느닷없는 고난 앞에서도 훌륭한 그리스도인답게 이렇게 의연한 감사기도를 드렸다.
　"나와 가족은 너무 많은 축복을 받고 살아왔습니다. 이 시점에서 제 삶을 여기까지 이끌어 주고 지탱해주신 하나님의 사랑에 빚을 갚아야합니다. 그래서 저는 세계 곳곳에서 어려움 속에서도 공부하는 학생들에게 장학금을 기부하는 것입니다."
　강 박사님은 말기 췌장암으로 물 한 모금을 제대로 넘기지 못하는 상태인데도, 오히려 하나님의 은혜에 감사하며 고통 받는 사람들을 위해 25만 달러의 장학금을 기부했다.

　욥은 이와같은 성숙한 신앙을 보여준다.
　욥은 예상 밖의 불행에 예상 밖의 반응을 보인다.
　욥은 땅에 주저앉아 어리둥절한 상태로 넋을 잃고 있었다.
　아마 밤새도록 혼절한 사람처럼 넋을 잃고 망연자실했을 것이다. 그러다가 그는 갑자기 놀라운 반응을 보인다.
　본문 20절부터의 내용이다.
　『욥이 일어나 겉옷을 찢고 머리털을 밀고 땅에 엎드려 예배하며』
　그는 드디어 땅바닥에서 일어난다. 그리고 자기 겉옷을 찢고, 머리털을 밀어버린다. 얼마나 처절한 모습인가?
　그러다가 욥은 다시 땅에 엎드려 하나님을 경배한다. 이것은 중동지역에서 표현했던 예배관습이다. 그는 인생의 절망적 현실에서도 하나님을 예배하는 신앙에는 변함이 없었던 것이다.

이처럼 욥은 엄청난 슬픔 중에서도 신앙의 중심이 흔들리지 않는다. 믿음의 초점이 결코 흐려지지 않는다. 그는 처절한 비통을 겪으면서도 하나님의 선하심만을 바라본다. 그래서 땅에 엎드려 하나님께 예배하며 오히려 하나님의 선하심을 찬양한다.

『내가 태어날 때 아무것도 가져온 것 없었으니 죽을 때에도 아무것도 가져가지 못하리라. 주신 자도 여호와시요 가져가신 자도 여호와시니 여호와의 이름이 찬양을 받으시기 원하노라.』(욥기 1:21)

그는 모든 상황이 이해가 되지 않더라도 우선 하나님을 예배한다. 그야말로 어떤 상황에서도 예배하는 신앙을 보여준다. 그는 인생의 숙제를 예배로 풀어갔다.

누군가 참 멋지게 해석한다.

"욥의 순전한 신앙은 부를 얻는 데서도 입증되었고, 부를 누리는 데서도 입증 되었으며, 부를 잃어버리는 데서도 입증되고 있다."

한 마디로 욥에게서 모든 것이 다 사라진 것 같아도 하나님은 남아 계셨다. 하나님만이 그의 인생의 전부이심을 보여준다.

그래서 욥기 1장의 결론은 이처럼 깔끔하게 마무리된다(22절).

『이 모든 일에도 불구하고 욥은 죄를 짓거나, 하나님을 원망하지 않았습니다.』

이것이 욥의 오뚝이 신앙이다.

욥은 최악의 상황에서도 믿음으로 일어나는 역동적 신앙인의 모습을 보여준다. 영혼의 어두운 밤에도 잠잠히 하나님을 바라보는 성숙한 신앙인의 면모를 보여준다.

**그러면 욥은 어떻게 이런 오뚝이 신앙을 가질 수 있었을까?**

본문 10절이 그 대답이다.

『주님께서는 우리를 능력과 사랑의 울타리로 보호해주십니다.』

원문에서는 『주님께서』라는 말을 세 번씩이나 반복한다. 주님께서 울타리를 쳐서 보호해 주시고, 주님께서 축복해주시고, 주님께서 번성케 하신다고 사탄이 스스로 입증해준다.

오늘도 우리 인생의 어떤 돌풍과 소용돌이에서도 하나님께서 돌보아주심을 믿기를 바란다.

우리도 주님의 함께 하심을 믿는 만큼 쓰러지지 않고 일어나는 오뚝이 신자가 될 수 있다.

우리가 가지고 있는 모든 것들을 다 잃더라도, 주님은 여전히 함께해 주신다.

따라서 우리는 어떤 상황에서도 일어나 예배하며 살아가는 승리자가 될 수 있다.

나는 얼마 전에 천안 낮은교회 홍혁기 목사님의 시를 읽으며 하나님의 돌보심에 대한 큰 확신을 얻었다.

〈염려하지 말고 두려워하지 말라〉


희망을 품고 여기까지

왔더니 더 큰 것이

앞을 가로막고 있습니다.


아 아

이제는 더 이상 앞으로

나아갈 힘이 남아있지 않습니다.

주저앉고 싶습니다.


네 앞에 무엇이 가로막고

있더라도 두려워 말라

염려하지 말라. 이제까지

네 힘으로 여기까지 온 것으로

생각하지 말라.


내가 너와 함께 하지 않느냐.

내가 너를 붙들고

내가 너에게 힘을 주어

여기까지 왔다는 것을

기억하여라.

주여 쉬운 길은 없나요.

제발 쉬운 길로 가게 해 주세요.

왜 이렇게 어려운 길로

저를 이끌어 가시나요.


쉬운 길은 없단다.

넓고 편한 길은 멸망의 길이요

좁고 협착한 길은 생명으로 가는 길이란

내 말을 잊었느냐.(마태복음 7:13,14)


주여 굳이 이러한 길로

가야 하는 까닭이 무엇입니까.

이러한 길로 가지 않으면

네가 강해질 수 있겠느냐.

철이 들 수 있겠느냐.

겸손해 질 수 있겠느냐.

나를 의지할 수 있겠느냐.

네 힘으로 가려고 하지 않겠느냐.

고통과 시련을 당하는 사람을

이해할 수 있겠느냐.

정금 같이 될 수 있겠느냐.(욥기 23:10)

산을 하나 넘을 때마다

강을 하나 건널 때마다

언덕을 하나 넘을 때마다

눈보라와 사투를 벌일 때마다

비바람과 싸울 때마다

폭풍우를 견딜 때마다

네가 얼마나 강해졌는지

네가 얼마나 겸손해졌는지

네가 얼마나 성숙해졌는지

너의 모난 데가 떨어져 나갔는지

네가 얼마나 빛이 나는지

너는 아느냐.


저 눈 덮인 바위산 뒤에

또 무엇이 기다리고 있을지

염려하지 말고 두려워 말라.

너를 위한 것이 기다리고 있을 뿐이란다.


"나는 너의 방패요 네 영광이요

네 머리를 들게 하는 자니라."(시편 3:3)

　오늘 우리에게도 어느 날, 갑자기 시련과 고난의 불청객이 찾아올 수 있다. 모질고 험한 환난이 느닷없이 발생할 수 있다. 그래도 우리는 욥처럼 쓰러지지 않는 오뚝이 신자가 될 수 있다.

주님께서 사랑의 울타리로 보호해주시기 때문이다. 십자가의 능력으로 지켜주신다.

그리고 부활의 능력으로 다시 일어날 수 있는 새 힘을 주신다.

 잠깐 생각하기

1. 최근에 겪었던 가장 어려운 시련은 무엇입니까?
   그리고 그 고난이 주었던 유익은 무엇입니까?
2. 고난 속에서 주님이 어떻게 함께해주셨습니까?
3. 고난에 대한 당신의 믿음을 한 마디로 표현해 봅시다.
4. 현재 고난 중에 있더라도 하나님 앞에 감사할 수 있는 내용들을 고백해 봅시다.

# 시련을 도우시는 은혜

**3**

사탄이 여호와께 대답하여 이르되 가죽으로 가죽을 바꾸오니 사람이 그의 모든 소유물로 자기의 생명을 바꾸올지라 이제 주의 손을 펴서 그의 뼈와 살을 치소서 그리하시면 틀림없이 주를 향하여 욕하지 않겠나이까 여호와께서 사탄에게 이르시되 내가 그를 네 손에 맡기노라 다만 그의 생명은 해하지 말지니라

"또 하루는 하나님의 아들들이 와서 여호와 앞에 서고 사탄도 그들 가운데에 와서 여호와 앞에 서니 여호와께서 사탄에게 이르시되 네가 어디서 왔느냐 사탄이 여호와께 대답하여 이르되 땅을 두루 돌아 여기 저기 다녀 왔나이다 여호와께서 사탄에게 이르시되 네가 내 종 욥을 주의하여 보았느냐 그와 같이 온전하고 정직하여 하나님을 경외하며 악에서 떠난 자가 세상에 없느니라 네가 나를 충동하여 까닭 없이 그를 치게 하였어도 그가 여전히 자기의 온전함을 굳게 지켰느니라 사탄이 여호와께 대답하여 이르되 가죽으로 가죽을 바꾸오니 사람이 그의 모든 소유물로 자기의 생명을 바꾸올지라 이제 주의 손을 펴서 그의 뼈와 살을 치소서 그리하시면 틀림없이 주를 향하여 욕하지 않겠나이까 여호와께서 사탄에게 이르시되 내가 그를 네 손에 맡기노라 다만 그의 생명은 해하지 말지니라 사탄이 이에 여호와 앞에서 물러가서 욥을 쳐서 그의 발바닥에서 정수리까지 종기가 나게 한지라 욥이 재 가운데 앉아서 질그릇 조각을 가져다가 몸을 긁고 있더니 그의 아내가 그에게 이르되 당신이 그래도 자기의 온전함을 굳게 지키느냐 하나님을 욕하고 죽으라 그가 이르되 그대의 말이 한 어리석은 여자의 말 같도다 우리가 하나님께 복을 받았은즉 화도 받지 아니하겠느냐 하고 이 모든 일에 욥이 입술로 범죄하지 아니하니라"(욥기 2:1~10)

**교회성장학자 P. Wagner가 쓴**

「선교현장과 영적 전쟁」이라는 책에 이런 신
비로운 실화를 소개한다.

1985년 인도네시아 중부 슬라웨시 섬의 교회개척자인 A 목사
가 어떤 마을에 복음을 전하러 들어갔다. 동네에 들어서자마자
그는 그 지역에서 유명한 무당과 대면해야 했다.

그 무당은 그 자리에서 복음전도를 저지해 왔다. 얼마나 마력
이 센지 마을사람들이 지켜보는 가운데 약 3m 높이 벽에 걸려있
는 달력을 손가락으로 가리켰다.

그리고는 그 선교사에게 말했다.

"나는 내가 섬기는 신들의 능력을 보여줄 테니, 너는 너의 하나
님이 할 수 있는 것을 내게 보여라."

그의 말이 떨어지자마자 달력이 갈기갈기 찢어져 땅바닥으로

떨어졌다. 등골이 오싹했다.

그 선교사는 충격을 받았지만, 오늘도 표적과 기사를 나타내시는 하나님의 기적적인 능력을 의심 없이 믿었다. 그는 성령님이 들려주시는 조용한 음성에 귀를 기울이고 하나님으로부터 즉각적인 지시를 받았다.

그는 부드러우면서도 단호한 목소리로 그 무당과 주위의 사람들에게 말했다.

"악령들은 언제나 물건들을 떨어지게 하여 부서뜨린다. 하지만 선하신 하나님은 그것들을 바로잡고 우리를 도우신다."

그 말과 함께 그는 손가락으로 그 찢어진 달력을 가리키자 놀라운 기적이 일어났다.

즉시로 그 달력이 원상태로 복구된 것이다.

할렐루야!

**이처럼** 사탄은 파괴적(destructive)으로 일하고, 하나님은 건설적(constructive)으로 **역사하신다.** 그러므로 우리는 사탄이 가져오는 시험과, 하나님께서 주도하시는 시련의 차이점을 이렇게 대비시켜볼 수 있다.

| 시험(temptation) | 시련(trial) |
|---|---|
| 부정적 | 긍정적 |
| 파괴적 | 건설적 |
| 절망적 | 희망적 |
| 불 행 | 행 복 |
| 죽 음 | 생 명 |
| 사 탄 | 하나님 |

사탄은 사람을 유혹하여 범죄하게 한다. 마음을 혼미하게 하
여 영을 어둡게 한다. 사탄은 사람에게 올무를 놓아 넘어지게 한
다. 믿음에서 떨어지게 한다. 행복을 파괴한다. 우리의 몸과 영혼
을 지옥에 떨어지게 한다.

특히 사탄은 우리를 한두 번 시험하고 끝내지 않는다. 끊임없
이 공격한다. 오늘도 삼킬 자를 두루 다니며 찾고 있다.

『근신하라 깨어라 너희 대적 마귀가 우는 사자 같이 두루 다니며
삼킬 자를 찾나니.』 (베드로전서 5:8)

사탄은 예수님까지도 유혹하고 시험했다.

그러므로 우리는 마귀가 틈타지 못하도록 깨어있는 삶을 살아
야한다.

『마귀에게 틈을 주지 말라.』 (에베소서 4:27)


사탄이 욥을 얼마나 가혹하게 괴롭히는지 어느 날 욥의 몸
에 심각한 피부병이 생겼다.

본문 7절을 보면 발바닥에서 머리끝까지 악성 종기가 났다. 얼마나 급속도로 퍼졌는지 온몸에 작고 붉은 반점들이 생겼다. 목에도 종기가 생겼고, 두피에도 부스럼이 돋아났다.

의학자들은 오랫동안 이 질병에 관해 호기심을 갖고 연구해왔다. 천연두라고도 하고 또는 악성습진, 나병, 건선, 피하조직이 코끼리 피부처럼 되는 상피병, 각화증, 악성 피부암에 해당하는 흑색종이라고도 한다.


사탄은 이처럼 욥에게 무서운 질병을 가져왔다.

욥기 전체를 관찰해보면 여러 가지 증상을 보여준다. 온몸이 피부종양으로 벌겋게 부어오른다. 계속 가렵고, 얼굴모양이 변형되고, 종양이 터져서 고름이 나오고 딱지가 앉는다. 또 눈꺼풀이 거무스름해지고, 호흡이 곤란하며, 입에서 고약한 냄새가 나고, 피부가 탈색되며, 심한 고열을 일으키는 지독한 병이다.

욥이 얼마나 고통스러웠는지 욥기의 내용을 볼수록 그의 상태가 처참하다. 그는 가려움을 견디지 못해 기와조각으로 피가 나도록 긁는다. 너무너무 고통스러워 물이 쏟아지는 소리보다 더 큰 소리로 앓는 소리를 낸다. 밤새도록 잠을 자지 못하고 불면증에 시달린다.

그의 피부에 생긴 종기에는 구더기가 우글거리고 살갗은 계속 곪아 터져나간다. 피부가 다 없어져 뼈가 보일 정도가 된다. 얼마나 통증이 심한지 뼈를 쑤시는 통증이 밤낮으로 계속된다. 욥은 잠시라도 고통에서 해방되려고 쓰레기를 태운 재에 뒹굴어보기도 한다.

사탄은 이처럼 파괴적이고 파멸적이다.

사탄은 나쁜 놈이다.

결국 욥의 몸과 마음은 처참하게 망가졌다. 그는 이미 재산을 다 잃었다. 자녀도 다 잃었다. 이제는 자신의 건강도 완전히 잃었다.

이런 처절한 상황 속에서 그의 부인은 신음하며 괴로워하는 남편을 차마 볼 수가 없어서 차라리 죽었으면 좋겠다고 말한다.

『그의 아내가 그에게 이르되 당신이 그래도 자기의 온전함을 굳게 지키느냐 하나님을 욕하고 죽으라』(욥기 2:9)

여기서 우리는 욥의 부인을 무작정 비판하거나 정죄하는 것은 옳지 않다. 성경 어디에서도 하나님께서 욥의 부인을 잘못했다고 나무라신 적이 없다. 오히려 하나님은 욥 부부가 다시 10남매를 낳아 평생을 해로하며 살도록 축복하신다.

욥의 부인은 자기 남편이 더 이상 고통 속에서 사는 것보다는 차라리 죽어서 고통에서 해방되는 편이 낫다고 생각했던 것에 불과하다. 요즘으로 말하면 안락사를 권장했던 것이다.

사람은 누구나 주체할 수 없는 일을 당하면 본심에 없는 말을 쏟아놓을 수 있다. 불행한 현실 앞에서는 누구든지 다 약해지기 마련이다.

사실 욥이 고통당하는 것 못지않게 욥의 부인도 너무나 힘든 삶을 살았다. 그는 몸에서 썩은 냄새가 물씬물씬 나는 산송장 같은 남편과 함께 살아야했다.

그러니 욥의 부인도 얼마나 힘들게 살았을까? 욥 못지않게 고통 중에 살았다. 어떻게 보면 욥의 부인이 받은 심리적인 고통은 더욱 컸을 것이다.

그래서 욥의 부인은 자기 남편을 안쓰러워하는 마음으로 차라리 신앙을 떠나서 죽는 게 낫다고 말한 것이다.

이처럼 사탄은 가장 가까운 사람을 통해 시험하는 경우가 많다. 나를 가장 잘 알고, 나를 가장 사랑하고, 나와 가장 가까이 있는 사람이 바로 내 신앙을 후퇴시키거나 침체시킬 수 있다는 메시지를 주고 있다. 그러므로 우리는 사람보다 하나님만 더욱 의지하며 살아야한다.

사탄의 전략은 항상 악랄하고 교묘하다. 사탄은 욥이 한번이라도 하나님을 욕하고 저주하기를 은근히 바랬다.

1장 11절과, 2장 5절에서 두 번씩이나 흑심을 표명하고 있다.

『이제 주의 손을 펴서 그의 모든 소유물을 치소서 그리하시면 틀림없이 주를 향하여 욕하지 않겠나이까』(1:11)

『이제 주의 손을 펴서 그의 뼈와 살을 치소서 그리하시면 틀림없이 주를 향하여 욕하지 않겠나이까』(2:5)

그래서 사탄은 욥의 부인의 입술을 사용하여 하나님을 원망하고 죽으라고 부추긴 것이다.

이에 대하여 욥은 성숙한 신앙인답게 반응한다.

본문 10절을 자세히 보자.

욥은 자기 부인에게 이렇게 말한다.

『당신은 어리석은 여자들처럼 말하는군요. 우리가 하나님께 복을 받았는데, 재앙도 못 받겠소? 이 모든 일에도 욥은 입술로 범죄하지 않았습니다.』

여기서 욥이 표현하는 어법을 잘 살펴보아야 한다.

욥은 자기 부인에게 「어리석은 여자」라고 말하고 있지 않다. 이런 뜻으로 말하는 것이다.

'당신은 원래 어리석은 사람이 아닌데, 왜 어리석은 여자들처럼 말하는 것입니까?'

오히려 자기 부인의 영성을 격상시켜준 것이다.

욥은 자기 부인에게 '당신은 그런 여자가 아니잖아요.'라고 신앙의 정체성을 심어준 것이다.

욥의 부부관계가 얼마나 좋았으면 늙은 나이에도 다시 10남매를 낳을 수 있었겠는가?

우리 서로 격려하자.

"당신은 그런 사람이 아니에요."

이처럼 힘든 상황일수록 서로 세워주는 영적 파트너십이 필요하다. 부부가 서로 행복하기 위해서는 격려하고 축복하는 언어를 즐겨 써야한다.

"여보 힘들지, 내가 있잖아. 난 자기밖에 없어. 난 자기를 믿어. 당신이 자랑스러워요. 자기 너무 멋있다. 사랑해요. 축복해요."

욥기에서 강조하려는 메시지는 시련을 도우시는 하나님의 은혜이다. 하나님은 경건한 신자들의 행복을 질투하는 사탄에게 시험을 허락하시지만, 당신의 자녀를 안전하게 돌보아주신다.

앞장에 살펴본 욥기 1장 12절에서도 하나님께서 욥을 철저히 보호해주심을 강조하고 있듯이, 욥기 2장 6절에서도 하나님은 사탄이 욥의 생명을 결코 건드리지 못하도록 보호해주신다.

『여호와께서 사탄에게 이르시되 내가 그의 소유물을 다 네 손에 맡기노라 다만 그의 몸에는 네 손을 대지 말지니라 사탄이 곧 여호와 앞에서 물러가니라』(1:12)

『여호와께서 사탄에게 이르시되 내가 그를 네 손에 맡기노라 다만 그의 생명은 해하지 말지니라』(2:6)

욥기의 메시지는 시종일관 이점을 강조한다.

사탄이 그 어떤 궤계와 전략으로 우리를 시험하고 넘어뜨리려고 할지라도 하나님은 우리를 사랑과 능력으로 돌보아주신다.

사탄은 하나님의 허락 없이는 아무것도 할 수 없는 존재에 불과하다.

사도 요한은 이점을 확신시켜 준다.

사탄이 우리를 밀 까부르듯이 흔들어 놓을 수는 있어도, 우리를 하나님 아버지 손에서 결코 빼앗을 수 없다.

『그들을 주신 내 아버지는 만물보다 크시매 아무도 아버지 손에서 빼앗을 수 없느니라』(요한복음 10:29)

하나님께서 악한 자가 우리 영혼을 만지지도 못하도록 보호해 주신다.

『하나님께로부터 난 자는 다 범죄하지 아니하는 줄을 우리가 아노라 하나님께로부터 나신 자가 그를 지키시매 악한 자가 그를 만지지도 못하느니라』(요한일서 5:18)

사탄이 아무리 우리를 가혹하게 시험한다 할지라도 하나님은 더 큰 능력으로 우리를 돌보아 주신다.


성경은 이 세상의 고난 속에 살고 있는 우리를 향해 놀라운 약속을 준다.


## 1. 인도하심의 약속이다.

하나님은 우리가 시험 당할 때 피할 길을 주시며, 새로운 길로 인도해주신다. 좋은 길로 인도해주신다.

『사람이 감당할 시험 밖에는 너희가 당한 것이 없나니 오직 하나님은 미쁘사 너희가 감당하지 못할 시험 당함을 허락하지 아니하시고 시험 당할 즈음에 또한 피할 길을 내사 너희로 능히 감당하게 하시느니라』(고린도전서 10:13)

## 2. 보호하심의 약속이다.

하나님은 우리가 어떤 위기상황에 처한다 할지라도 안전하게 지켜주신다. 시편 121편 말씀처럼 졸지도 않으시고, 주무시지도 않으시며 지켜주시며 보호해주신다.

## 3. 상주심의 약속이다.

성경은 상주시는 하나님을 믿으라고 강조한다.
『믿음이 없이는 하나님을 기쁘시게 하지 못하나니 하나님께 나아가는 자는 반드시 그가 계신 것과 또한 그가 자기를 찾는 자들에게 상 주시는 이심을 믿어야 할지니라』(히브리서 11:6)

이것이 욥기의 중심주제다.
욥이라는 이름이 바로 회복의 개념을 가지고 있다. 욥이라는 이름은 히브리어로 「돌아오다. 회복하다 : Return, Restore」는 뜻이다.

하나님은 오늘도 변함없이 우리가 잃은 만큼 되돌려주신다. 더 좋은 것으로 보상해주신다.

고아의 아버지였던 George Mueller는 "우리 하나님 아버지는 더 좋은 것을 주기 위해서가 아니라면 그분의 자녀들로부터 아무 것도 취해가지 않으신다."고 말한다.


# 4. 힘주심의 약속이다.

우리는 욥기의 메시지와 함께 성경 전부를 통해 확신할 수 있는 중요한 원리를 붙잡고 살아가야 한다.

욥기의 강조점은 욥은 하나님이 아니라는 사실을 드러내고 있다. 그도 나약한 인간이기에 실수와 허물이 많아도, 여전히 붙잡고 계시는 하나님의 은혜를 전제로 하고 있다.

하나님은 흔들리는 욥을 42장, 축복의 정점까지 이끌고 가신 것이 욥기의 중심 메시지다.

**오늘도 하나님은 연약한 우리를 도우시며 날마다 새 힘을 주신다. 성령으로 능력을 주신다.**

유대인들의 속담처럼 '짐을 주시는 하나님은 힘도 함께 주신다.'

내게 이런 생각이 든다.

"사탄은 우리에게 짐이 되는 존재이고, 하나님은 우리에게 힘이 되는 분이다. 그래서 우리가 약할수록 오히려 하나님의 능력이 더 크게 역사한다."


영국의 육상선수 데렉 레드몬드의 실화다.

그는 영국의 대표선수로 1992년 바르셀로나 올림픽 400미터 육상경기에 출전하였다. 그의 가슴에 749번을 달고 그는 5번 레인에서 잘 출발하였다.

그런데 결승점을 250미터 남겨둔 지점에서 갑자기 그의 허벅지 뒤쪽 근육이 파열되어 주저앉았다. 절망적 사건이 벌어졌다.

이때 관중석에서 한 남자가 경기장으로 뛰어 들어 왔다. 진행요원이 저지하였지만 소용이 없었다.

그는 데렉의 옆으로 가서 그를 부축하였다.

"얘야, 힘들면 포기하여도 괜찮다."

그는 데렉의 아버지 짐 레드몬드였습니다.

"아닙니다. 저는 이 경주를 꼭 끝내고 싶습니다. 아버지!"

"그래 나와 함께 이 경주를 끝내자꾸나."

아버지는 아들의 허리를 팔로 감싸고, 아들은 팔로 아버지의 어깨에 의지한 채 천천히 트랙을 돌았다. 그는 흐느끼며 얼굴을 아버지의 가슴에 파묻었다. 그들은 그렇게 완주를 하였다.

65,000명의 관중은 누가 먼저라 할 것도 없이 일제히 일어나 박수를 쳤다. 짧은 이 순간은 한편의 드라마였다.

하나님 아버지는 고난의 현실에서 신음하며 살아가고 있는 우리 곁에 찾아오셔서 함께 동행하여 주신다. 우리의 어깨 위에 사랑의 손을 얹고 함께 뛰어주신다.

그래서 예수님께서 이 세상에 오신 것이다. 임마누엘 주님으로 오셨다. 그분은 세상 끝 날까지 우리와 항상 함께 하여 주신다. 언제 어디서든지 함께 하여 주신다. 인생의 어두운 밤을 잘 통과할 수 있도록 우리 곁에서 함께 동행하여 주신다.

우리가 힘들고 모진 시련을 잘 감당할 수 있도록 십자가의 사랑과 부활의 능력으로 도와주신다.

 *잠깐 생각하기*

1. 사탄이 당신의 삶을 파괴시키려하더라도 하나님은 당신의 삶을 어떻게 인도하십니까?
2. 만일 지금 당신 가족 중 하나가 극심한 시련과 고통을 겪고 있다면 무슨 말로 격려해주겠습니까?
3. 고난 가운데 있다면 어떤 하나님의 은혜를 바라보아야 합니까?
4. 당신이 욥의 입장에 있다면 당신은 가정과 이웃을 향해 무엇을 선포하겠습니까?

# 어두운 밤의 위로자

그 때에 욥의 친구 세 사람이 이 모든 재앙이 그에게 내렸다 함을 듣고 각각 자기 지역에서부터 이르렀으니 곧 데만 사람 엘리바스와 수아 사람 빌닷과 나아마 사람 소발이라 그들이 욥을 위문하고 위로하려 하여 서로 약속하고 오더니 눈을 들어 멀리 보매 그가 욥인 줄 알기 어렵게 되었으므로 그들이 일제히 소리 질러 울며 각각 자기의 겉옷을 찢고 하늘을 향하여 티끌을 날려 자기 머리에 뿌리고 밤낮 칠 일 동안 그와 함께 땅에 앉았으나 욥의 고통이 심함을 보므로 그에게 한마디도 말하는 자가 없었더라

"그 때에 욥의 친구 세 사람이 이 모든 재앙이 그에게 내렸다 함을 듣고 각각 자기 지역에서부터 이르렀으니 곧 데만 사람 엘리바스와 수아 사람 빌닷과 나아마 사람 소발이라 그들이 욥을 위문하고 위로하려 하여 서로 약속하고 오더니 눈을 들어 멀리 보매 그가 욥인 줄 알기 어렵게 되었으므로 그들이 일제히 소리 질러 울며 각각 자기의 겉옷을 찢고 하늘을 향하여 티끌을 날려 자기 머리에 뿌리고 밤낮 칠 일 동안 그와 함께 땅에 앉았으나 욥의 고통이 심함을 보므로 그에게 한마디도 말하는 자가 없었더라"(욥기 2:11~13)

**우리나라의 초코파이는...**

세계 시장을 누비고 있다. 러시아에서도 대한민국의 초코파이 인기가 최고다. 특히 중국에서는 오리온의 초코파이가 이름을 잘 지어서 엄청난 대박을 터뜨렸다. 이름 하나로 대성을 거둔 것이다.

중국어로 '하오리여우(好麗友 : 좋은 친구)'라고 이름을 붙였기 때문이다.

「친구」라는 단어는 동서고금을 막론하고 언제 들어도 다정함을 느끼게 해준다.


친구라는 말은 본래 "내가 너를 사랑한다."(amicus ← amore)는 말에서 유래된 단어다.

영국의 어느 출판사에서 「친구」라는 뜻을 가장 잘 정의한 사람에게 상을 주기로 공모했다.

1차 합격에 당선된 내용은 3가지였다.

**첫째,** "기쁨은 곱해주고, 고통은 나누는 사람"

**둘째,** "우리의 침묵을 이해하는 사람"

**셋째,** "온 세상이 다 나의 곁을 떠났을 때, 나를 찾아오는 사람"

이처럼 친구에 대한 이상적인 모습을 오늘 본문은 생생하게 보여준다. 그래서 나는 욥기 2장을 기초로 친구의 세 가지 특징을 영어 3C로 설명하고 싶다.

Come, Compassion, Comfort!

「찾아와서, 함께 아파하며, 격려하는 자다.」

욥의 친구들은 멀리서도 찾아왔다. 만신창이가 된 친구 욥을 보며 소리 높여 울었다. 그리고 일주일 동안이나 인생의 어두운 밤을 함께 지내며 위로해주었다.

오늘 우리도 이 세 가지를 잘 실행하는 아름다운 친구가 되었으면 좋겠다.

우리는 어떤 친구가 되어야할까?

# 1. 찾아가는(Come) 친구다.

욥의 친구들은 멀리서도 욥을 찾아왔다.

그래서 본문은 이렇게 시작한다(11절).

『그때에 욥의 세 친구들이 찾아왔다.』

우리는 여기서 두 가지 단어에 집중해야 한다.

욥이 갑작스런 재난으로 고통스런 인생의 어두운 밤을 보내고 있을 때, 바로 그때에 친구들이 찾아온 것이다. 욥이 너무나 힘들고 외로울 때 친구들이 찾아온 것이다.

인생의 어두운 밤을 보내고 있는 욥에게는 찾아와서 위로해주는 사람이 필요했다. 바로 그때 친구들이 찾아와준 것이다.

그들은 욥이 와달라고 말하지도 않았는데 찾아와준 것이다.

Caryl이라는 분이 참 좋은 말을 한다.

"초상집에는 불청객이라도 찾아가는 것이 좋다."

**요즘 내가 찾아가 주어야할 친구나 이웃이 있지는 않는가?**

세계 제 1차 대전 중에 있었던 일이다.

미국에 어떤 같은 마을에서 자라났던 두 친구가 같은 때에 이 전쟁에 징집이 되었다. 그런데 공교롭게 두 친구는 같은 부대에 배치되었고, 또 같은 전선에 투입되었다.

어느 날 갑자기 벌어진 전투에서 한 친구가 포탄에 부상을 입어 적진 가까운 곳에 쓰러졌다.

그 광경을 멀리 참호 속에서 바라보고 있던 친구가 견딜 수가 없어서 참호를 빠져 나와 친구에게 달려가려고 했으나 주변에 있었던 부대원들이 그를 막았다. 분대장도 그를 막았다.

"가면 안 돼. 이미 때는 늦었어, 너까지 죽어!"

포탄이 빗발처럼 쏟아지고 있어 위험했기 때문이다.


그러나 분대장이 잠시 시선을 다른 쪽으로 팔고 있는 그 순간 그는 참호를 빠져 나와 그 친구가 쓰러져 있는 곳으로 달려갔다. 그리고 친구를 들쳐 업고 다시 자기 참호로 돌아왔다. 안타까운 것은 친구는 이미 숨이 끊어져 있었다.

그래서 분대장이 화를 내면서, 그의 무모한 용맹을 나무랐다.

"그것 보라고, 내가 늦었다고 말했잖아. 너까지 죽을 뻔했다고.'

그때 그 병사는 자기 분대장을 향해서 이런 감동적인 말을 했다.

"분대장님 제가 친구에게 다가갔을 때 그는 아직도 목숨이 붙어 있었습니다. 그때 제 친구가 저에게 무어라고 말했는지 아세요?"

"뭐라고 했는데?"

"내 친구는 숨을 헐떡이면서 마지막으로 이렇게 말했어요.

친구야, 나는 네가 올 줄 알았어."

얼마나 감동적인가?

욥은 자기 친구들에게 분명히 이렇게 말했을 것이다.

"친구야, 나는 네가 올 줄 알았어."

당신은 어떤 친구인가?


## 2. 함께 아파하는(compassion) 친구다.

욥의 친구들은 극심한 고통 중에 있는 욥을 찾아와 그의 곁에서 함께 아파하며 함께 가슴앓이를 했다.

본문 12절에서 그들의 진정한 우정을 잘 묘사해주고 있다.

『눈을 들어 멀리 보매 그가 욥인 줄 알기 어렵게 되었으므로 그들이 일제히 소리 질러 울며 각각 자기의 겉옷을 찢고 하늘을 향하여 티끌을 날려 자기 머리에 뿌리고』

그들은 만신창이가 된 욥을 보는 순간 함께 대성통곡하며 애고지정을 나누었다.

이처럼 동정이란 몸과 마음을 같이 나누는 사랑이다.

금란지교의 우정이다.

**진정한 동정은 슬픔을 공유하므로 고통을 덜 느끼게 해주는 것이다.** 함께 아파하며 눈물을 흘려주는 영혼의 사랑인 것이다.

고통 받는 사람에게는 함께 아파하며 가슴으로 교감을 나누는 자가 진정한 친구다.

초등학교에 다니는 한 어린아이가 뇌종양 수술을 받게 되었다. 수술 후 회복은 되었으나, 학교에 가기가 쑥스러웠다. 머리를 빡빡 밀었기 때문에 친구들의 놀림이 될 것을 생각하니 용기가 나지 않았다.

그런데도 어느 날 큰 결단을 하고 학교에 나가 자기 교실에 들어간 순간 그는 황홀한 광경을 보고 엄청난 행복감을 느꼈다.

자기 반 친구들 모두가 자기처럼 머리를 빡빡 깎고 있었다.

뇌종양 수술을 받고 머리를 빡빡 민 친구를 사랑하는 마음으로 학급의 친구들도 함께 머리를 밀었던 것이다.

친구는 함께 아파하고 고통을 같이 나누는 관계다.

예수님은 우리의 고통을 함께 나누시려고 우리와 똑같은 모습으로 오셨다. 이것이 성육신의 사랑이다. 우리와 똑같은 고난의 삶을 사시면서 우리를 불쌍히 여겨주셨다. 그래서 때로는 심한 통곡으로 함께 우셨다. 우리의 아픔을 몸으로 체휼하셨던 것이다.


예수님은 우리가 인생의 어두운 밤을 맞이할 때 함께 아파하시며, 함께 뼈아픈 눈물로 울어주시고, 부둥켜안아주시는 진정한 친구이시다.

『예수께서 나오사 큰 무리를 보시고 불쌍히 여기사 그 중에 있는 병자를 고쳐 주시니라』 (마태복음 14:14)

『예수께서 제자들을 불러 이르시되 내가 무리를 불쌍히 여기노라 그들이 나와 함께 있은 지 이미 사흘이매 먹을 것이 없도다 길에서 기진할까 하여 굶겨 보내지 못하겠노라』(마태복음 15:32)

『주께서 과부를 보시고 불쌍히 여기사 울지 말라 하시고』(누가복음 7:13)

더구나 예수님은 우리를 당신의 친구라고 불러주신다.


## 3. 서로 위로하는(comfort) 친구다.

욥기에서 가장 중요하게 사용하는 단어가 『위로』(comfort)이다.(2:11, 6:10, 7:13, 15:11, 16:2, 21:34, 22:2, 42:6,11)

위로라는 말이 '함께'(com) + '힘을 낸다.'(forte)는 뜻이다.

즉 옆에서 힘이 되어주고, 격려하고, 붙잡아 주고, 용기를 북돋아 주는 행동을 말한다. 강하게 세워준다는 뜻이다.

그러므로 고난 중에 있는 사람에게는 곁에서 힘을 실어주는 든든한 격려자가 필요하다. 힘든 상황일수록 위로자가 곁에 있어주어야한다.

특히 친구의 위로가 최고다.

욥의 친구들은 함께 머무르며 힘이 되어 주었다. 기운을 잃고 망연하게 주저앉아있는 욥에게 큰 힘이 되어 주었다.

욥기 2장 13절에서 잘 묘사해준다.

『밤낮 칠 일 동안 그와 함께 땅에 앉았으나 욥의 고통이 심함을 보므로 그에게 한마디도 말하는 자가 없었더라』(욥기 2:13)

그들은 욥을 위로해주려고 먼 거리에서 달려왔다. 그리고 함께 가슴아파하며 일주일동안 욥과 함께 땅바닥에 앉아서 같이 지냈다. 그냥 말없는 말로 위로해준 것이다.

이것이 진정한 위로이다. 때로는 침묵하는 위로가 더 효력이 있다.


찰스 스윈돌의 책에 이런 이야기가 소개된다.

조 베일리와 메리 루는 세 자녀를 잃었다.

첫 번째는 18개월 된 아들이 수술 후에 세상을 떠났다. 그 후, 다섯 살 난 둘째 아들이 백혈병으로 사망했고, 마지막에는 열여덟 살 먹은 아들이 썰매사고로 인해 혈우병과 연관된 합병증이 발행하여 역시 죽고 말았다.

조는 그의 책에서 이렇게 말한다.

"나는 비통함에 빠져 앉아 있었다.

누군가 내게 다가와 일어난 일들을 설명하며, 하나님의 섭리와 죽음 이후의 소망에 관해 이야기했다. 그는 계속해서 말을 했다. 그가 말한 것들은 다 사실이었다. 하지만 전혀 감동을 받지 못했다. 그가 가주었으면 좋겠다는 생각밖에 들지 않았다. 마침내 그는 할 말을 마친 뒤에 자리를 떠났다.

또 다른 사람이 와서 내 곁에 앉았다.

그는 아무 말도 하지 않았고, 질문을 던지지도 않았다. 그는 단지 한 시간 이상 내 곁에 앉아서 내가 하는 말을 듣고, 간단히 대답한 뒤에 기도하고 자리에서 일어났다.

나는 감동을 받고, 위로를 받았다. 나는 그가 가는 것이 싫었다."


어느 상담학자가 고통 중에 있는 사람들을 상대로 이런 질문을 했다고 한다.

"당신이 고통을 당하고 있을 때 어떤 사람이 가장 도움이 되던가요?"

이 질문에 대답한 사람들의 공통점은 이것이었다.

"겸허한 모습으로 찾아와서 조용히 곁에 있어주는 사람입니다."

스티브 존슨 박사는, 자신의 인간관계에 대하여 이런 질문을 스스로 해보라고 제시한다.

**첫째,** 당신이 개인적으로 곤경에 처했을 때 금방 부를 수 있는 친구가 최소한 한 사람이라도 있는가?

**둘째,** 당신은 사전에 알리지도 않고 불쑥 찾아갈 수 있는(변명할 것 없이) 그런 친구가 있는가?

**셋째,** 당신은 함께 오락 활동을 할 수 있는 사람들이 있는가?

**넷째,** 당신은 경제적으로 갑자기 어려움에 처했을 때, 당신에게 선뜻 돈을 빌려 줄 사람들이 있는가?

혹은 다른 일로 어려움을 겪을 때, 구체적으로 도와줄 사람들이 있는가?

언제든지 금방 부를 수 있는 친구, 언제든지 불쑥 찾아갈 수 있는 친구, 그리고 언제든지 함께 놀 수 있는 친구, 더 나아가서 어떤 어려움에도 선뜻 손을 벌릴 수 있는 친구가 있는가?

잠언 18장 24절에서는 친구의 소중함을 이렇게 정의한다.

『어떤 친구는 형제보다 친밀하다.』

특히 먼 친척보다 가까운 친구가 훨씬 더 낫다.


나는 고 함석헌 선생님의 시를 소개하며 적용하고자 한다. 감동적인 시다.


「그 사람을 가졌는가?」


그 사람을 가졌는가?

만 리 길 나서는 날 처자를 내 맡기며

마음 놓고 갈 만한 사람

그 사람을 그대는 가졌는가?


온 세상 다 너를 버려 마음이 외로울 때에도

너 뿐이야 하고 믿어주는

그 사람을 그대는 가졌는가?

탔던 배가 가라앉을 때 구명대를 서로 사양하며

너만은 제발 살아다오 할

그 사람을 그대는 가졌는가?


잊지 못할 이 세상을 놓고 떠나려 할 때

너 하나 있으니 하며 빙그레 웃고 눈을 감을

그 사람을 그대는 가졌는가?


온 세상에 예 보다도 아니오 라고

가만히 머리를 흔들어 진실로 충언해 주는

그 한 사람을 그대는 가졌는가?


그 사람이 곧 당신과 함께해주시는 예수님이시다.
예수님은 인생의 어두운 밤에
다정한 위로자가 되어주는 친구이시다.
예수님은 하늘에서 땅 끝까지 우리를 찾아오신다.
우리를 불쌍히 여겨주신다.
민망히 여겨주신다.
측은히 여겨주신다.
함께 아파하며 울어주신다.
따뜻한 가슴과 부드러운 음성으로 위로해주신다.
새 힘을 주신다.

인생의 어두운 밤에도 찾아와 동행하여주신다.

당신에게도 그 예수님이 계신가?

 **잠깐 생각하기**

1. 욥에게 어떤 친구들이 있습니까?
2. 당신의 주위에 어떤 친구들이 있으며, 당신은 주위 사람들에게 어떤 친구입니까?
3. 현재 당신의 도움을 간절히 바라는 이는 누구입니까?
4. 외로울 때 주님이 당신을 위로해주셨던 경험을 함께 나누어 봅시다.

# 침체에서의 탈출

5

어찌하여 고난 당하는 자에게 빛을 주셨으며 마음이 아픈 자에게 생명을 주셨는고 이러한 자는 죽기를 바라도 오지 아니하니 땅을 파고 숨긴 보배를 찾음보다 죽음을 구하는 것을 더하다가 무덤을 찾아 얻으면 심히 기뻐하고 즐거워하나니

"그 후에 욥이 입을 열어 자기의 생일을 저주하니라 욥이 입을 열어 이르되 내가 난 날이 멸망하였더라면, 사내 아이를 배었다 하던 그 밤도 그러하였더라면, 그 날이 캄캄하였더라면, 하나님이 위에서 돌아보지 않으셨더라면, 빛도 그 날을 비추지 않았더라면, 어둠과 죽음의 그늘이 그 날을 자기의 것이라 주장하였더라면, 구름이 그 위에 덮였더라면, 흑암이 그 날을 덮었더라면, 그 밤이 캄캄한 어둠에 잡혔더라면, 해의 날 수와 달의 수에 들지 않았더라면, 그 밤에 자식을 배지 못하였더라면, 그 밤에 즐거운 소리가 나지 않았더라면, 날을 저주하는 자들 곧 리워야단을 격동시키기에 익숙한 자들이 그 밤을 저주하였더라면, 그 밤에 새벽 별들이 어두웠더라면, 그 밤이 광명을 바랄지라도 얻지 못하며 동틈을 보지 못하였더라면 좋았을 것을, 이는 내 모태의 문을 닫지 아니하여 내 눈으로 환난을 보게 하였음이로구나 어찌하여 내가 태에서 죽어 나오지 아니하였던가 어찌하여 내 어머니가 해산할 때에 내가 숨지지 아니하였던가 어찌하여 무릎이 나를 받았던가 어찌하여 내가 젖을 빨았던가 그렇지 아니하였던들 이제는 내가 평안히 누워서 자고 쉬었을 것이니 자기를 위하여 폐허를 일으킨 세상 임금들과 모사들과 함께 있었을 것이요 혹시 금을 가지며 은으로 집을 채운 고관들과 함께 있었을 것이며 또는 낙태되어 땅에 묻힌 아이처럼 나는 존재하지 않았겠고 빛을 보지 못한 아이들 같았을 것이라 거기서는 악한 자가 소요를 그치며 거기서는 피곤한 자가 쉼을 얻으며 거기서는 갇힌 자가 다 함께 평안히 있어 감독자의 호통 소리를 듣지 아니하며 거기서는 작은 자와 큰 자가 함께 있고 종이 상전에게서 놓이느니라 어찌하여 고난 당하는 자에게 빛을 주셨으며 마음이 아픈 자에게 생명을 주셨는고 이러한 자는 죽기를 바라도 오지 아니하니 땅을 파고 숨긴 보배를 찾음보다 죽음을 구하는 것을 더하다가 무덤을 찾아 얻으면 심히 기뻐하고 즐거워하나니 하나님에게 둘러 싸여 길이 아득한 사람에게 어찌하여 빛을 주셨는고 나는 음식 앞에서도 탄식이 나며 내가 앓는 소리는 물이 쏟아지는 소리 같구나 내가 두려워하는 그것이 내게 임하고 내가 무서워하는 그것이 내 몸에 미쳤구나 나에게는 평온도 없고 안일도 없고 휴식도 없고 다만 불안만이 있구나"(욥기 3:1~26)

 **내 친구 목회자들 중 상당수가...**

건강을 위해 월요일마다 테니스나 골프, 자전거타기, 등산을 한다.

그런데 나는 허리와 목디스크로 인해 그들과 어울리지 못한다. 사람이 스스로 안하는 것이 아니라, 할 수 없어서 못하게 되면 마음이 울적해질 수도 있겠구나 하는 생각이 든다.

이런 현상을 Depression, 침체라고 표현하기도 한다.

Depression이란 정서적 침체, 의욕상실(de + pression)을 말한다. 기운을 뺀다는 뜻이다. 즉 '용기와 희망과 자신감을 잃어버린 상태, 또는 기가 꺾인 상태'다.

좀 더 다양하게 풀이하면 이렇다.

침울한 감정, 실망감, 슬픔, 만성적 피로, 권태, 무관심, 분노, 죄책감, 영적 퇴보, 의욕상실, 신앙의 저하 등을 말한다. 몸과 마음의 탈진을 뜻한다.

그 동안 명랑하게 살던 사람이 어느 순간부터 울적하게 되는 현상을 말한다.

사람은 누구든지 힘든 상황이 오래 지속되다보면 디프레션에 빠질 수 있다. 경제적으로 어렵고, 몸이 오랫동안 아프거나 만성적 질환이 계속되다보면 의기소침해질 수 있다. 하는 일이 잘 안되고, 계속 악순환 되다보면 의욕상실에 빠지게 된다. 너무 오랫동안 힘들면 침체될 수밖에 없다.

자연환경에서도 햇볕이 부족한 그늘진 곳에서 사는 사람이 우울증에 많이 걸린다.

이처럼 삶의 현실에서 자주 느끼는 depression은 누구에게든지 찾아오는 현상이다. 심지어 믿음이 훌륭한 하나님의 사람들도 침체에 빠진 적이 있다.

다윗이나 예레미야 선지자 같은 위인도 깊은 절망과 흑암의 침체 속에서 시달리기도 했다.

우리가 잘 아는 모세나 엘리야 선지자, 그리고 바울 같은 사람도 영적 침체를 경험하였다.

한때 영국교회에 놀라운 부흥을 일으켰던 찰스 스펄전 목사님도 깊은 슬럼프와 침체에 빠진 적이 있다.

그는 이렇게 솔직하게 고백한다.

"나는 오늘 영국 런던에서 가장 큰 교회인 메트로폴리탄 성전에서 웅장하게 설교하고 있지만, 내 마음의 상태는 고뇌와 상심으로 시달리고 있습니다. 나의 영성은 바람에 나부끼는 깃발처럼 흔들리고 있으며, 나의 영성은 이상하게 저하되고 있으니 여러분께서 기도해주시기 바랍니다."

그처럼 훌륭하고 존경받는 스펄전 목사님도 이렇게 심각한 영적 침체를 경험하였던 것이다.

종교개혁의 선구자 M. Luther도 영혼의 어두운 밤을 맞이하여 지옥의 문턱까지 경험하였다고 고백한다.

그렇다! 믿음이 좋은 사람도 마음이 가라앉을 수 있다.

영성이 저하될 수 있다. 심령이 우울해질 수 있는 것이다.


이런 현상이 욥기 3장에서는 매우 실제적으로 나타난다.

욥은 육체적 고통과 정신적 공허로 인해 서글픈 외로움과 영혼의 어두운 밤을 맞이하였다. 마음이 황폐해졌다. 피폐해졌다.

사람은 누구든지 힘든 상황이 계속되면 침체될 수밖에 없다.

이것이 욥기의 적나라한 메시지다. 성경은 정직하다. 욥의 훌륭한 점을 칭찬하면서도 그의 약점도 있는 그대로 노출시킨다.

욥은 재산을 잃고, 건강도 잃고, 명예도 잃고, 자기가 가진 모든 것을 다 잃었다.

그래서 그도 인간으로서 정서적인 우울함과 영적 침체에 빠진 것이다.

욥은 자기를 위로해주러 온 친구들의 건장한 모습 앞에서 지금의 초라한 자기 모습과 비교해보니 자신이 너무나 서글프고 처량하게 느껴졌다. 감정적 혼란을 겪었다. 마음이 착잡하고 가슴이 답답해졌다. 신앙적 회의가 느껴지며, 자학 증세까지 찾아왔다.

그렇다!

자기 자신을 남과 비교할수록 스스로 위축되고, 자괴감에 빠진다. 이처럼 욥은 망가진 몸과 멍든 심령으로 절망의 심연 속으로 가라앉은 것이다.

더구나 하나님은 욥이 왜 그처럼 혹독한 시련과 고통을 당해야 하는지 단 한마디도 말씀하지 않으신다. 이유도 모르고, 목적도 모르는 고난 중에 있다.

이와 같이 초점 없는 고난이 우리의 영혼을 더욱 침잠케 한다. 의욕을 상실케 한다. 심령을 황폐케 한다.

그래서 욥은 자신의 처지가 너무나 처량하여 깊은 침체 속으로 들어간 것이다.

우리가 욥기 3장을 자세히 보면 욥은 자학증세 현상으로 세 가지 부정적인 의문을 표출한다.

1. 왜 내가 태어났나?(1~10절)
2. 왜 내가 살아났나?(11~19절)
3. 왜 내가 살아야하나?(20~26절)

욥은 자기의 생일을 저주하면서 내가 왜 이 땅에 태어났는지 항변하기 시작한다. 그리고 엄마가 자기를 출생할 때 차라리 죽었으면 더 좋았을 것이라고 비관에 빠진다.

더 나아가서 그는 지금처럼 처참하게 고생하며 사는 것보다 차라리 죽는 게 더 낫다는 염세주의에 빠져서 말한다. 자기가 태어날 때 어머니의 무릎이 자기를 받지 않았더라면 자기는 이미 죽어서 평안히 쉬고 있을 텐 데라고 우울한 탄식을 한다.

『어찌하여 무릎이 나를 받았던가 어찌하여 내가 젖을 빨았던가 그렇지 아니하였던들 이제는 내가 평안히 누워서 자고 쉬었을 것이니』(욥기 3:12~13)


엄마가 자기를 임신했을 때 차라리 낙태되었거나 죽었더라면 이런 고생을 안했을 것이라는 염세적 한탄을 한다. 죽음 예찬론자가 된 것이다.

그래서 욥은 고통이 부재하는 영원한 세상을 더 부러워하기 시작한다. 죽음이야말로 가장 안전한 도피처로 해석했던 것이다.

16절부터 이어지는 탄식의 노래다.

인생이 너무 힘들다보니 욥은 자기 운명을 스스로 개탄하며 비관적 회의에 빠진다. 그는 갈수록 깊은 슬럼프 상태에 도달한다. 본문 26절의 결론이다.

『내게는 평화도 없고, 안정도 없고, 안식마저 사라지고, 두려움만 끝없이 밀려오도다!』

한 마디로 그는 죽을래야 죽을 수 없는 자기 신세가 한탄스러웠던 것이다.

우리는 여기서 침체의 근본요인이 무엇인지를 분석해 낼 수 있다.

오늘 본문 욥기 3장을 자세히 관찰해보면 우리가 어떤 단어를 많이 사용할수록 침체에 빠지는지 정확하게 규명해준다.

## 1. 「나」에게 집중할수록 침체되기 쉽다.

욥은 「나」라는 말을 20번이나 반복한다.

욥기 3장은 온통 「나는, 내가, 나에게, 나를」이다.

"내가 왜 이런 운명이냐, 왜 나에게 이런 불상사가 일어나느냐?"라는 질문을 수없이 반복한다.

오늘 우리도 마찬가지이다. 모든 생각과 기준을 「나」에게 집중할수록 우울해지고 의기소침에 빠진다. 스스로 영혼의 어두운 밤(dark days)으로 들어간다. 먹구름 인생을 살게 된다.

기독교 사상가 파스칼은 이점을 깨우쳐준다.

"불행의 원인은 늘 내 자신이 만든다. 몸이 굽으니까 그림자도 굽는다. 어찌 그림자가 굽는 것을 한탄할 것인가? 나 이외에는 아무도 나의 불행을 치유해 줄 사람이 없다."

그렇다. 「나」에게 초점을 맞출수록 스스로 왜소해지고 의기소침해진다.


## 2. 「왜」라는 부정적 의문을 품을수록 침체되기 쉽다.

욥은 「왜」라는 말을 6번이나 반복한다.

"왜 내가 태어났는가?"

"왜 내가 살아났는가?"

"왜 내가 이렇게 살아야하는가?"

회의적 질문을 반복하다 보니 스스로 위축되고 낙심한다.

나는 성경을 통해 얻는 중요한 원리적 해답이 있다.

「왜」라는 부정적 질문을 할수록 회의를 느끼게 된다는 것이다. 그러나 「어떻게」라는 긍정적 질문을 할수록 희망이 솟아난다.


현대인들 20명 중 한명은 우울증으로 시달리고 있다고 한다.

상당히 많은 사람들이 먹구름 낀 인생을 살아가고 있다. 삶의 의욕을 상실하고, 명랑함 대신 울적함으로 침체되어 살아가고 있다. 안개 속을 달리는 자동차처럼 불안과 긴장으로 시달린다.

그래서 점점 더 절망의 구덩이로 빠져들고, 체념과 자학 증세를 보이며 마음이 황폐해진다.

그러나 우울증을 너무 과민하게 해석할 필요는 없다. 어떤 심리학자의 표현대로 '우울증이란 마음의 감기'에 불과하다. 영혼의 감기는 간단하게 치료받을 수 있다.

미국의 설교자 찰스 스윈돌은 디프레션을 매우 긍정적으로 해석한다.

"디프레션은 나를 남루한 옷을 입은 선지자로 만들어 준다. 처음에는 초췌하게 보이지만 어두운 골짜기를 통과하고 나면 하나님의 사람다운 영적 기개가 높이 드러나게 해준다."

참 멋진 해석이다.

마치 흑운의 색깔이 짙어질수록 곧 소나기가 내리며 밝은 햇볕이 환하게 비추는 것과 같다. 인생의 먹구름 다음에는 반드시 은혜의 무지개가 떠오른다.

우리는 고통의 현실에서 마음이 혼란스러워지면 마치 하나님께서 더 이상 돌보시지 않는다고 생각할 수 있다. 내 인생이 여기에서 끝난다고 스스로 체념하고 좌절할 수 있다.

**그러나 하나님은 결코 당신에게서 등을 돌리지 않으신다.**

루마니아의 기독교 지도자 코리 텐 붐 여사는 자주자주 이렇게 외쳤다.

"하나님이 건저내지 못하실 정도로 깊은 절망의 구덩이는 없다."

그러므로 우리는 나 자신의 환경, 내가 지금 처한 어두운 상황, 나의 초라한 모습에 집중하지 말고 인생의 위대한 조각가가 되시는 하나님을 바라보아야한다.

다윗도 인생이 너무나 험난하고 힘들어 영적 침체와 디프레션에 빠지기도 했으나, 그가 침체에서 헤어 나올 수 있었던 비결은 간단하다.

**하나님만 바라보았기 때문이다.**

그는 자기 영혼을 향하여 이런 역동적인 믿음을 선포한다.

『내 영혼아 네가 어찌하여 낙심하며 어찌하여 내 속에서 불안하여 하는가? 너는 하나님께 소망을 두라. 나는 그가 나타나 도우심으로 말미암아 내 하나님을 여전히 찬송하리로다.』(시편 42:11)

다윗은 시편 62편 5절에서 이렇게 노래한다.

『나의 영혼아 잠잠히 하나님만 바라라. 무릇 나의 소망이 그로부터 나오는도다.』

우리가 하나님만 바라보며 산다면 우리는 더 이상 인생을 고행으로 살지 않고, 여행으로 살아갈 수 있다.

우리가 주님을 바라보며 사는 만큼 우리는 의기소침과 무력감에서 해방된다.

우울함이 아닌, 명랑함으로 살아갈 수 있다.

회의적이 아닌, 희망적으로 살아갈 수 있다.

비관적인 아닌, 낙관적으로 살아갈 수 있다.

빈곤의식이 아닌, 부요의식으로 살아갈 수 있다.

욥이 나중에 영적 침체에서 헤어 나올 수 있었던 원동력이 바로 여기에 있다.

그는 23장 10절에서 힘차게 선언한다.

『내가 가는 길을 오직 그분이 아시기에, 그분이 나를 단련하신 후에는 내가 순금같이 되어 나올 것입니다.』

오늘도 우리가 영혼의 어두운 밤을 통과하는 만큼 행복의 새봄을 맞이할 줄 믿기 바란다.


하나님은 모든 아픔을 치료해 주신다. 치료 후에는 이전보다 훨씬 더 고결한 성품의 사람으로 승화시켜 주신다.

하나님은 우리를 실의와 좌절의 골짜기에서 끌어내어 주신다. 축복의 정상으로 올려다 주신다. 하나님은 여전히 당신에게 행복한 미래로 나갈 수 있는 새 힘을 주신다.

오늘 욥기 3장은 우리에게 너무나 큰 위로가 된다.

하나님은 욥의 디프레션에 대해서 단 한마디도 꾸짖지 아니하신다. 하나님은 욥의 탄식을 그대로 받아들이신다. 가슴으로 이해해 주신다. 욥이 잘 회복되기를 기다려주실 뿐이다.

욥기의 주제는 욥의 인내라기보다, 하나님의 인내다.

38장까지 기다려주신다.

하나님은 오늘도 고통 중에서 신음하는 자들의 애환을 다 들으시고 이해해주신다. 다만 어서 속히 침체에서 헤어 나오기를 원하실 뿐이다.

그래서 예수님을 통해 보혜사 성령님을 보내주신다.

성령님은 우리에게 위로의 영으로 오신다. 회복의 영으로 찾아 오신다. 새 기운을 불어넣어주신다. 어둠의 세력을 몰아내어 주신다.

그러므로 오늘 우리는 인생의 어두운 밤에도 침체에 빠지지 않고 살아갈 수 있다. 침체에서 헤어 나올 수 있다.

더 이상 울적하게 살지 않고, 명랑하게 살아가는 행복한 그리스도인이 될 수 있다.

 *잠깐 생각하기*

1. 최근에 가장 우울했던 기억이 언제였습니까?
2. 당신의 어떤 행동이 'Depression'을 가져오게 합니까?
3. 'Depression'에서 벗어나려면 어떤 신앙의 행동이 필요합니까?
4. 'Depression'을 벗어난 후 당신이 얻은 교훈은 무엇입니까?

# 공격대신 공감을

데만 사람 엘리바스가 대답하여 이르되 누가 네게 말하면 네가 싫증을 내겠느냐, 누가 참고 말하지 아니하겠느냐 보라 전에 네가 여러 사람을 훈계하였고 손이 늘어진 자를 강하게 하였고 넘어지는 자를 말로 붙들어 주었고 무릎이 약한 자를 강하게 하였거늘 이제 이 일이 네게 이르매 네가 힘들어 하고 이 일이 네게 닥치매 네가 놀라는구나

"데만 사람 엘리바스가 대답하여 이르되 누가 네게 말하면 네가 싫증을 내겠느냐. 누가 참고 말하지 아니하겠느냐 보라 전에 네가 여러 사람을 훈계하였고 손이 늘어진 자를 강하게 하였고 넘어지는 자를 말로 붙들어 주었고 무릎이 약한 자를 강하게 하였거늘 이제 이 일이 네게 이르매 네가 힘들어 하고 이 일이 네게 닥치매 네가 놀라는구나 네 경외함이 네 자랑이 아니냐 네 소망이 네 온전한 길이 아니냐 생각하여 보라 죄 없이 망한 자가 누구인가 정직한 자의 끊어짐이 어디 있는가 내가 보건대 악을 밭 갈고 독을 뿌리는 자는 그대로 거두나니 다 하나님의 입 기운에 멸망하고 그의 콧김에 사라지느니라 사자의 우는 소리와 젊은 사자의 소리가 그치고 어린 사자의 이가 부러지며 사자는 사냥한 것이 없어 죽어 가고 암사자의 새끼는 흩어지느니라 어떤 말씀이 내게 가만히 이르고 그 가느다란 소리가 내 귀에 들렸었나니 사람이 깊이 잠들 즈음 내가 그 밤에 본 환상으로 말미암아 생각이 번거로울 때에 두려움과 떨림이 내게 이르러서 모든 뼈마디가 흔들렸느니라 그 때에 영이 내 앞으로 지나매 내 몸에 털이 주뼛하였느니라 그 영이 서 있는데 나는 그 형상을 알아보지는 못하여도 오직 한 형상이 내 눈 앞에 있었느니라 그 때에 내가 조용한 중에 한 목소리를 들으니 사람이 어찌 하나님보다 의롭겠느냐 사람이 어찌 그 창조하신 이보다 깨끗하겠느냐 하나님은 그의 종이라도 그대로 믿지 아니하시며 그의 천사라도 미련하다 하시나니 하물며 흙집에 살며 티끌로 터를 삼고 하루살이 앞에서라도 무너질 자이겠느냐 아침과 저녁 사이에 부스러져 가루가 되며 영원히 사라지되 기억하는 자가 없으리라 장막 줄이 그들에게서 뽑히지 아니하겠느냐 그들은 지혜가 없이 죽느니라"(욥기 4:1~21)

 **영국의 옥스퍼드 영어사전이...**

처음 출판될 때는 40만 단어를 수록했다. 그런데 현대사회가 발달하면서 언어의 숫자가 얼마나 늘어났는지 지금은 61만5천 단어를 수록하고 있다.

사람들이 그만큼 말을 많이 하며 산다는 현상이다. 그래서 신조어가 계속 늘어나고 있다.

2009년 3월에 출간된 최종판 옥스퍼드 영어사전에는 매우 이색적인 단어 하나가 주목을 끌고 있다.

영어로 frenemy라는 단어이다. 이 말은 원래 1953년부터 쓰이기 시작했는데, 최근에 정식 표준어로 사전에 수록된 것이다.

Frenemy(friend + enemy)라는 뜻은 절반은 친구이고, 절반은 적이라는 혼성어다. 즉 사람은 얼마든지 친구이면서도 적이 될 수 있다는 개념이다.

욥과 그의 친구들이야말로 frenemy 관계라고 할 수 있다. 그들은 먼 거리에서도 고난당한 친구 욥을 위로해주러 찾아왔다. 참으로 우정이 돈독한 친구들이다.

그런데 얼마가지 않아 그들은 욥의 마음을 갈기갈기 찢어 놓고 때려눕히는 적이 된다.

어느 순간부터 욥의 친구들은 욥의 아픔을 공감하는 대신 공격하기 시작하는데, 그 내용이 4장부터 26장까지 계속 이어진다.

욥에게 얼마나 가혹한 공격을 연발하는지 갈수록 과격해진다.

그래서 어떤 학자는 욥기의 문맥이 3단계로 진행된다고 한다.

첫 번째 단계는 논의(discuss), 두 번째 단계는 논쟁(debate), 세 번째 단계는 논박(dispute)이다.

처음에는 부드러운 논의로 시작하여 점점 격렬한 논쟁을 벌이다가, 마지막에는 잔혹한 논박으로 악화된 것이다. 세 명의 친구들이 고통 중에 있는 욥의 얼굴과 가슴에 가혹한 펀치를 무차별 날린다. 그야말로 집단 구타를 한 셈이다.


그들이 처음에는 욥을 도와주러 왔으나, 점점 더 욥에게 해를 끼친다.(help to harm)


**첫번째는** 최고연장자 엘리바스가 욥의 현실에 대하여 공박하기 시작한다. 특히 엘리바스는 욥의 기개를 꺾으려고 세 차례나 몰아붙인다(4장, 15장, 22장).

**두번째는** 빌닷이 옛 성현들의 교훈을 인용하여 욥을 권위적으로 누른다(8장, 18장, 25장).

**세번째는** 소발이 가장 단호하면서도 독선적으로 깔아뭉갠다. 얼마나 잔혹하고 거세게 윽박지르는지 "너는 고생해야 싸다."라고 윽박지른다.

『지혜의 오묘함으로 네게 보이시기를 원하노니 이는 그의 지식이 광대하심이라 하나님께서 너로 하여금 너의 죄를 잊게 하여 주셨음을 알라』(욥기 11:6)

오늘 우리도 마찬가지다.

처음에는 좋은 의도로 충고해 주다가, 자칫 잘못하면 상대방을 위해 말해준다면서 오히려 상처를 준다. 그야말로 상처 난 부위에 소금을 뿌리는 결과를 초래할 수 있다.

그러므로 우리는 상처 받은 사람에게 어떻게 하면 안 되는지를 숙지해야 한다. 즉 우리가 어떤 가정으로 충고해주느냐 보다, 어떤 가슴으로 위로해주느냐가 중요하다.

이것이 욥기에서 들려주는 중요한 메시지다.

어떻게 해야 가혹하게 공격하는 대신, 따뜻한 가슴으로 공감하는 자가 될 수 있을까?

# 1. 약점을 건드리지 말자.(3~6절)

욥의 친구들은 그동안 욥이 훌륭하게 살아온 점을 칭찬하기보다는 야단부터 친다.

본문 3절부터 보면 지금 욥이 신앙적으로 약해져있는 모습을 가혹하게 나무란다. 그래서 욥으로 하여금 수치심을 느끼게 한다.

그 동안에는 여러 가지로 힘들어하는 사람들에게 힘을 내라고 상담해주던 자가 이제는 자기에게 힘든 일이 생기니까 스스로 맥을 못 추는 약골이 되었다고 나무라는 것이다.

『이제 이 일이 네게 이르매 네가 힘들어 하고 이 일이 네게 닥치매 네가 놀라는구나』(욥기 4:5)

그들은 욥의 자존심을 깔아뭉개며 짓밟은 것이다. 그들은 욥이 겪고 있는 마음의 상처와 아픔을 더욱 가중시키고, 정신적 고통을 더욱 악화시킨다.

오늘 우리도 칭찬보다 책망을 먼저 하는 경향이 많다.

잘한 것은 칭찬하지 않고 잘못한 것부터 지적한다. 우리는 때때로 작은 잘못을 너무 난도질하여 더 큰 일을 하지 못하도록 기를 꺾어 놓는 경향이 있다. 작은 실수를 눈감아주기보다 침소봉대하는 성향이 있다.

일반적으로 사람에게는 장점이 85%이고, 약점이 15%라고 한다. 그러므로 우리는 약점을 무시하고, 장점을 활성화시켜주어야 한다. 잘 못하는 것을 지적하기보다 잘하는 것을 칭찬해주어야 한다. 옥에 티를 흠잡지 말아야한다. 약점을 보완하기 보다는 강점을 육성시켜주어야 한다.

**우리는 비난(sarcasm)보다는 받쳐줌(support)이 필요하다.**

이론(logic)보다는 사랑(love)이 필요하다.

충고(advice)보다는 인정(affirmation)이 필요하다.

우리는 약점을 지적하기보다, 장점을 칭찬해주는 따뜻한 격려자가 되어야한다. 약점을 공격하여 절망감을 느끼게 할 것이 아니나, 아픔을 공감하므로 희망을 품게 해주어야 한다.


## 2. 함부로 정죄하지 말자.(7~11절)

욥의 친구들은 욥이 겉으로는 경건한 체했지만, 남모르게 죄를 범한 것이 있어서 천벌을 받았다고 정죄한다. 그들은 모두 색깔이 똑같은 안경을 끼고 욥을 심판하기 시작한다. 욥이 당한 패가망신은 그가 남모르게 지은 죄 때문에 심판받은 결과라는 것이다. 그들은 「인과응보의 법칙」이라는 색안경을 쓰고 선입관과 편견으로 욥을 정죄한 것이다. 그래서 그들은 서슬이 퍼런 자세로 욥을 사정없이 때려잡기 시작했다.

금세기 최고의 성경학자 유진 피터슨이 번역한 「메시지」의 내용은 적나라하다.(7~9절)

『생각해보게. 정직한 사람이 쓰레기 더미에서 운명을 마친 적이 있
  었는가?

정직한 사람이 망하는 법을 본적이 있는가?

내가 관찰한 바에 의하면, 악을 밭 갈고 환난을 뿌리는 자는 환난
을 거두게 된다네.

그래서 하나님의 입 기운으로 멸망하고, 그분의 콧김으로 모든 것
이 사라지게 된 것이라네.』


이처럼 그들은 비수 같은 말을 쏟아 붓는다.

그들은 고통 중에 있는 친구를 동정하고 위로하기보다, 그를
마음껏 깔아뭉갠다. 그들은 상상과 가정으로 욥을 정죄하며 죄
를 뒤집어 씌운다. 욥에게 남아 있는 기력마자 단칼에 베어버린
것이다.

이와 같이 나쁜 충고일수록 상대방을 더욱 의기소침하게 만든
다.

우리는 간혹 병원에 문병을 가든지 고통당하는 사람을 방문할
때 말을 조심해서 해야 한다. 생각 없이 던지는 말에 자칫 상처
를 받을지도 모르기 때문이다. 가끔 이런 교우가 있다.

"집사님, 이번에 입원하면서 마음에 가책되거나 지피는 것이
없으세요?"

이처럼 은근히 정죄하며 죄책감을 촉구하는 입장으로 말을 하는 경우들이 있다.

그런 사람에게는 이렇게 응수하라.

"당신 혹시, 박수무당이나 부채도사 출신이세요?"

특히 신앙생활을 오래 한 사람 중에 믿음은 좋은데 성품이 좋지 않은 자들이 있다. 신앙은 좋은데 인간성이 못된 자들이 있다.

소위 율법주의 신앙이다. 율법과 의는 있는데 은혜와 사랑이 없다. 보수적인 신자일수록 인정 없는 도덕주의자가 될 수 있다. 잔인한 신앙이라고 말할 수 있다.

그래서 사람을 쉽게 판단하거나 함부로 정죄한다.


내가 신학대학에서 공부할 때, 대부분의 친구들이 너무 어린 나이에 전도사로 사역했다. 그러다보니 인간성이 균형 있게 갖추어지기 전에 너무 율법적 신앙을 가지는 폐단을 보았다.

그래서 나는 친구와 함께 서클을 조직했는데, 그 이름이 「인간회」이다. 사역자가 되기 전에 인간부터 되자는 운동이었다. 매우 좋은 반향을 일으켰다.

그러므로 우리는 신앙과 함께 성품개발을 힘써야한다.

이것이 예수님의 산상설교 메시지이다. **사역보다 사람됨이 우선이다. 일보다 인품이 더 중요하다.**

여하튼 우리는 정죄하는 대신 함께 아파할 줄 알아야한다.

먼저 공감하고 동정하고 위로해야 한다.

예수님은 우리를 결코 정죄하지 않으신다. 우리의 잘못을 비판하거나 심판하는 대신 오히려 긍휼히 여겨 주시고, 사죄 은총을 베풀어주신다.

『대답하되 주여 없나이다 예수께서 이르시되 나도 너를 정죄하지 아니하노니 가서 다시는 죄를 범하지 말라 하시니라』(요한복음 8:11)

『사람이 내 말을 듣고 지키지 아니할지라도 내가 그를 심판하지 아니하노라 내가 온 것은 세상을 심판하려 함이 아니요 세상을 구원하려 함이로라 나를 저버리고 내 말을 받지 아니하는 자를 심판할 이가 있으니 곧 내가 한 그 말이 마지막 날에 그를 심판하리라』(요한복음 12:47~48)

예수님은 오늘도 공격대신 공감을 해주신다.

"얼마나 아프고, 얼마나 힘드니? 내가 도와주마!"


## 3. 영적으로 교만하지 말자.(12~5:27)

소위 신앙이 좋다고 하는 사람들이 가지고 있는 가장 무서운 무기는 신앙적 우월감이다. 누군가 어려움을 당하거나 사고가 나면 가차 없이 윽박지른다. 신앙적으로 공갈 협박한다.

"요즘 기도가 부족해서 그래."

"주일예배 빠져서 사고난거야."

"교회 봉사를 안 해서 그래."

이것이 영적 교만이다. 본문 12절을 보자.

『어떤 말씀이 내게 가만히 이르고 그 가느다란 소리가 내 귀에 들렸었나니』

엘리바스는 자기야말로 영통한 사람으로서 욥이 왜 불행을 당하고 있는지 꿰뚫어 보고 있다고 압도적으로 말한다. 그러면서 자기 자신의 영적 권위를 은근하면서도 강하게 내세운다. 그가 계속 반복하여 사용하는 어휘가 있다. 「내가 보건데, 내가 알기로, 내 경험으로는, 나 같으면」이라는 표현을 수없이 반복한다.

특히 5장 8절을 보자.

『나라면 하나님을 찾겠고 내 일을 하나님께 의탁하리라』

「내가 자네라면, 나 같으면, 내가 만일 너 같으면」이라는 자기 중심적 우월의식으로 말한다. 이런 신앙적 우월감으로 욥을 약호 죽이고 있다.

그래서 엘리바스는 욥을 향해 「이보게」라는 비인격적 호칭으로 그를 윽박지른다. 우리 말 성경에서 이렇게 번역한다.

『이보게, 하나님께서 바로잡아 주시는 사람은 복이 있다네 그러니 전능하신 분의 훈계를 거절하지 말게』(욥기 5:17)

우리는 때때로 신앙이라는 명목 하에 상대방을 억지로 설복시키려고 한다. 신앙적 우월감으로 영적 권위를 남용한다.

이것이 욥기 5장 27절의 결론이다.

『보게나. 이것은 우리가 지금까지 살펴본 것이니 틀림없는 사실이다. 부디 잘 듣고, 너 스스로를 생각해서라도 명심하기 바란다.』

우리나라 성경에서 여러 가지 표현으로 번역하고 있다.

『내 말을 잘 듣고 배우라. 명심하라. 귀 담아 들으라. 잘 알아 두어라.』


지금 피골이 상접하고 만신창이가 돼 엄청난 고통 중에 있는 욥에게 무슨 지침이 되며 삶의 애환을 나누어주는 말이 되겠는가?

우리는 상남이나 충고라는 명목으로 자기주장이나 자기생각을 관철시키려고 한다. 그러다보니 책망을 위한 책망으로 일관한다. 충고가 경고와 선고로 간다. 신앙이라는 명목으로 협박한다.

우리는 신앙적 우월감으로 가르치려고 하지 않도록 조심해야 한다. 공격하는 대신 공감을 해야 한다.

욥기의 교훈은 우리에게 너무나 실제적인 가르침을 준다. 욥의 친구들의 말은 틀린 점이 하나도 없다. 다 맞다. 다 옳은 얘기이다.

욥기에서 우리에게 가르쳐주려는 메시지는 우리가 비록 옳은 얘기를 해도 그 말이 상황에 맞지 않으면 효과가 없다는 것이다. 오히려 부적절한 말은 상처만 더 크게 만든다.

칼 델리취라는 구약성경 학자는 이렇게 지적한다.

"욥의 세 친구들이 한 말들을 검토해볼 때 그들에게서 틀린 점을 찾아낼 수가 없다."

그런데 그들의 지적이나 충고는 아무런 효과가 없다. 옳은 말이라도 유익되지 못할 수 있다. 맞는 말이라도 선하지 못할 수 있다.

그 핵심은 단 하나이다. 사랑이 없기 때문이다. 만고불변의 진리를 말한다 할지라도 사랑이 없으면 소음에 불과하다. 청산유수로 말을 엮어낼수록 오히려 상처만 더 크게 만든다.

나는 이따금 이렇게 생각한다.

'눈물 없이 하는 말일수록 눈물을 쏟게 한다.'


우리는 일으켜주고 세워주는 말을 해야 한다.

몇 마디의 말이라도 따뜻한 가슴으로 하면 치유효과가 있다. 현대인들에게는 이해와 격려, 그리고 특히 가슴 따뜻한 공감이 필요하다. 상처와 아픔 속에 사는 사람들일수록 동정과 위로의 말을 목말라하고 있다.

지금 어려움을 당해 힘든 상태에 있는 사람에게는 갑론을박의 설명이 필요치 않다. 공감과 위로가 필요할 뿐이다. 고통당하는 자에게 그 고통을 함께 나누는 진정한 동정심이 필요할 뿐이다. 우리는 사랑 없는 공격 대신, 따뜻한 가슴으로 공감해주어야 한다.

나는 우리들의 교회가 지향해야할 또 하나의 표어를 제안한다.

『Safety space for sinners』

(죄인들을 위한 안전한 공간)

교회는 누구든 와서 안정감을 누릴 수 있는 쉼터가 되어야한다.

주님은 이렇게 호소하신다.

『너희는 위로하라. 내 백성을 위로하라.』(이사야 40:1)

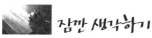 잠깐 생각하기

1. 공감과 교훈의 차이가 무엇입니까?

2. 공감과 교훈이 듣는 사람에게 미치는 차이가 무엇입니까?

3. 주님이 우리를 판단하신다면 어떤 결과가 나올거라 생각합니까?

4. 주님이 우리를 공감하심으로 우리가 얻은 유익이 무엇입니까?

# 헤세드(자비)를 호소

7

내가 무슨 기력이 있기에 기다리겠느냐 내 마지막이 어떠하겠기에 그저 참겠느냐 나의 기력이 어찌 돌의 기력이겠느냐 나의 살이 어찌 놋쇠겠느냐 나의 도움이 내 속에 없지 아니하냐 나의 능력이 내게서 쫓겨나지 아니하였느냐 낙심한 자가 비록 전능자를 경외하기를 저버릴지라도 그의 친구로부터 동정을 받느니라

"욥이 대답하여 이르되 나의 괴로움을 달아 보며 나의 파멸을 저울 위에 모두 놓을 수 있다면 바다의 모래보다도 무거울 것이라 그러므로 나의 말이 경솔하였구나 전능자의 화살이 내게 박히매 나의 영이 그 독을 마셨나니 하나님의 두려움이 나를 엄습하여 치는구나 들나귀가 풀이 있으면 어찌 울겠으며 소가 꼴이 있으면 어찌 울겠느냐 싱거운 것이 소금 없이 먹히겠느냐 닭의 알 흰자위가 맛이 있겠느냐 내 마음이 이런 것을 만지기도 싫어하나니 꺼리는 음식물 같이 여김이니라 나의 간구를 누가 들어 줄 것이며 나의 소원을 하나님이 허락하시랴 이는 곧 나를 멸하시기를 기뻐하사 하나님이 그의 손을 들어 나를 끊어 버리실 것이라 그럴지라도 내가 오히려 위로를 받고 그칠 줄 모르는 고통 가운데서도 기뻐하는 것은 내가 거룩하신 이의 말씀을 거역하지 아니하였음이라 내가 무슨 기력이 있기에 기다리겠느냐 내 마지막이 어떠하겠기에 그저 참겠느냐 나의 기력이 어찌 돌의 기력이겠느냐 나의 살이 어찌 놋쇠겠느냐 나의 도움이 내 속에 없지 아니하냐 나의 능력이 내게서 쫓겨나지 아니하였느냐 낙심한 자가 비록 전능자를 경외하기를 저버릴지라도 그의 친구로부터 동정을 받느니라"(욥기 6:1~14)

**기독교 역사상...**

가장 어두운 시대에 살았던 M. Luther는 자기 자신
도 영혼의 어두운 밤을 맞이한 상태였기에 이런 명상록을 적은
바가 있다.

"더 많은 은혜는 우리의 짐이 더 무거워질 때 주어집니다.

우리의 수고가 더 커질 때 은혜의 힘도 커집니다.

시험이 많을수록 하나님의 자비가 증가하고,

고통이 더할수록 하나님의 은혜도 더해집니다.

나의 인내의 창고가 꽉 차버리고, 내 힘이 거의 막판에 달하고,

내 자원이 고갈되어 가는 때

하나님의 은혜는 드디어 시작하고 있는 것입니다…"


이 내용에 기초하여 Annie Johnson Flint가 쓴 감동적인 시

한편을 소개한다.


### 「더 큰 은혜를 주시는 주님」

(He giveth more grace)


우리의 짐이 무거워질수록 더 큰 은혜를 주시는 주님,

일에 시달릴수록 더 강한 힘을 주시는 주님,

고통이 더해 갈수록 주님의 자비가 더해 가도다.

시험이 많아질수록 평강을 더해주시는 주님,

인내의 한계가 고갈되어갈수록,

하루의 반도 지나기 전에 우리의 힘이 쇠진할 때에,

우리 아버지는 넘치는 은혜를 주시기 시작하는도다!

그분의 사랑은 한이 없으시며,

그분의 은혜는 헤아릴 수 없으며,

그분의 능력은 다함이 있을 수 없나니,

예수 안에서 넘치도록 풍성하신 은혜를

주님은 주시는도다, 주시는도다, 계속하여 주시는도다!


고통의 현실에서 파김치가 된 욥은 바로 이와 같은 하나님의 긍휼과 자비를 호소한다.

원래 구약에서는 헤세드라고 한다. 약하고 힘들고 어려운 사람에게 베푸는 동정적 사랑이다. 욥은 바로 그런 헤세드를 호소하고 있는 것이다.

이미 말씀드린 대로 욥기의 구조는 하나님을 향한 탄원의 운문이다. 특히 욥기 6장과 7장은 하나님의 헤세드를 애절하게 호소하는 기도 시이다.

# 1. 욥은 사죄은총을 호소한다.

우리가 이미 살펴본 3장에서 욥은 지금 당하고 있는 고난이 너무 힘들다보니 되는대로 지껄였다. 하나님을 향해 경거망동한 발언을 가차 없이 토설했다.

이 모든 사실에 대하여 친구들이 지적하자마자 욥은 자신의 비신앙적 발설과 행위가 잘못되었다고 고백한다.

본문 3절을 보자.

『바다의 모래보다도 무거울 것이라 그러므로 나의 말이 경솔하였구나』

욥은 자기 형편이 너무 힘들다보니 말이 거칠었고, 성급했으며, 경솔했다고 회개한다.

독일 신학자 틸리케는 "인간을 가장 위대하게 만드는 용기는 자기 잘못을 인정하고 고백할 수 있는 용기"라고 말한다.

우리 역시 마음으로만 인정하지 말고, 고백할 줄 알아야한다.

오늘도 우리가 잘못을 회개하며 사죄은총을 호소할 때 하나님께서 긍휼과 자비를 베풀어주신다.

그러므로 우리는 날마다 죄를 깨닫고 고백하며 살아야한다. 회개하며 사죄은총을 호소하는 만큼 헤세드의 은총이 따라온다.

## 2. 욥은 사람의 동정을 호소한다.

욥은 지금 필설로 형언할 수 없는 인간 이하의 고통을 겪고 있기에 친구들에게 자기의 딱한 사정을 동정해 줄 것을 호소한다.

『낙심한 자가 비록 전능자를 경외하기를 저버릴지라도 그의 친구로부터 동정을 받느니라』(욥기 6:14)

지금 어두운 절망 속에서 허덕이고 있는 자신에게는 친구의 도움이 필요하다고 애원하고 있는 것이다.

제발 자기 얼굴을 봐서라도 도와달라고 하소연한다.

『이제 원하건대 너희는 내게로 얼굴을 돌리라 내가 너희를 대면하여 결코 거짓말하지 아니하리라』(욥기 6:28)

지금 자기에게 무엇이 필요한지를 알아달라고 간청한다. 즉 자신의 처지를 이해해주고 공감해 달라는 애절한 부탁이다. 자기를 더 이상 죄인 취급하여 몰아붙이지 말아달라고 애원한다.

이처럼 욥은 두 번씩이나 자존심을 내려놓고 친구들의 온후한 동정을 부탁한 것이다.

나는 여기서 두 가지를 깨닫는다.

사람은 도움을 구할 줄 알아야한다. 도움을 요청할 만큼 자기를 비우고 내려놓을 수 있어야 한다.

훌륭한 분일수록 아래 사람한테도 도움을 부탁한다.

부부 사이에도 서로 도움을 요청해야 한다.

젊은 세대들도 기성세대들한테 겸손히 도움을 부탁할 수 있어야 한다.

그리고 누군가를 도와줄 때 부드럽고 친절하게 도와주어야한다.

사도 바울은 갈라디아서 6장 1절에서 이렇게 당부한다.

『우리가 성숙한 신자라면 힘들고 어려운 처지에 있는 사람을 비난하는 대신 온유한 심령으로 위로하며 일으켜 주어야합니다.』


우리는 어려움을 당하고 있는 사람을 향해 '왜 그랬을까'라는 부정적 의문보다는, '어떻게 하면 좋을까'라는 긍정적 호응을 보여주어야 한다.

얼마나 아플까?

얼마나 힘들까?

얼마나 고생이 심할까?

어떻게 해주면 좋을까?

어떻게 하면 도움이 될 수 있을까?

특히 우리는 어려운 사람이 도움을 요청하며 호소할 때 신속하게 도와주는 자가 되어야한다.

우리가 가난한 자의 호소를 외면하는 만큼 하나님께서도 우리의 간구를 외면하신다.


## 3. 욥은 하나님의 헤세드(자비)를 호소한다.

욥은 자신의 불행에 대하여 탄식과 논쟁에서 벗어나려고 친구들한테 애절하게 호소하며, 이제는 하나님께 탄원하기 시작한다. 이것이 욥기 7장의 전반적인 스토리이다.

욥기의 구조는 산문이 아닌, 운문이다. 탄원과 기도의 시다.

욥은 자신에게 재난을 주신 분이 하나님이시라면 그것을 거두어 주실 분도 하나님 한분뿐이심을 확신한다. 하나님은 본성적으로 인간의 부르짖음과 호소를 들어주는 분이심을 확신하고 있다.

그래서 이렇게 하나님께 하소연한다.(2절)

"품꾼이 하루해가 빨리 져서 그날 일당 받기를 목을 빼고 기다리는 것처럼, 저는 이처럼 힘든 밤중의 고통이 빨리 끝나기를 학수고대 할 뿐입니다."

욥은 고난의 해가 어서 저물기를 염원하며, 불면의 밤에서 벗어나게 해달라고 간청한다.

7절부터 11절에서는 이렇게 호소한다.

"주님, 저를 기억해주세요. 제 인생이 여기서 끝나기에는 너무 허무합니다. 저는 더 이상 견딜만한 기력이 없고, 더 버틸만한 힘도 없습니다."

그러면서 16절에서는 "자기를 그냥 내버려두시면 좋겠다"고 간청한다. 즉 자기는 지극히 초라한 존재에 불과하니 제발 놓아달라고 애원한다.

17절의 탄원이 참 멋있다.

그는 하나님을 합리적으로 설득시키기 시작한다.

"주님, 저는 그처럼 대단한 존재가 아닙니다. 그러니 신경을 꺼주세요."

그냥 보통 사람으로 평범하게 살도록 제발 놓아달라고 간청한다.


욥은 이런 애절한 심정으로 하나님의 헤세드를 호소한다.(18~19절)

"주님, 왜 저를 그처럼 완전무결하게 만들려고 하시나이까?

숨 좀 쉬며 살게 해주세요!"

얼마나 솔직한 고백인가?

그는 계속하여 하나님을 윽박지르는 청탁을 한다.

"주님, 저로 하여금 그냥 평범한 신앙인으로 살게 해주시면 안돼요."

그냥 보통 사람으로 살아가도록 놔달라고 절규하는 것이다.

20절의 기도가 참 매력적이다.

『주님, 저는 주님께 짐이 되고 싶지 않습니다. 그러니 그냥 놔주세요!』

그래서 그는 21절 결론에서 이렇게 호소하므로 자신의 탄원을 마감한다.

『만일 주님께서 저의 허물을 용서하지 않으시고, 저의 죄를 용서해
주지 않으시면, 저의 존재는 영원히 사라지고 말 것입니다.』


욥기 7장의 메시지는 단순하다.

그는 하나님의 구원은총을 호소할 뿐이다. 오직 하나님의 헤세드, 자비만 호소하고 있는 것이다.

나는 욥기 7장의 메시지를 이렇게 압축해본다.

"주님, 고난의 밤은 너무 길고 힘들어요.

인생은 짧은데 이렇게 무너지기는 너무 허무해요.

고난은 상상만 해도 움츠려드니,

꿈이라도 꾸고 싶지 않아요.

인생은 하나님이 심판하시면

어느 누구도 피할 길이 없어요.

그러니 저에게는 오직

하나님의 헤세드(자비)가 필요할 뿐입니다."

헤세드라는 말은 나보다 어리고, 약하고, 어려운 사람에게 베푸는 동정적 사랑이다. 그래서 그 사람의 입장에서 느껴보며, 그 사람의 처지에서 함께 아파하고, 그 사람과 똑같은 형편에 처해보는 구체적인 사랑의 행동이다. 그 사람의 입장으로 내려와 동일시되는 사랑이다.

이것이 예수님의 성육신 사랑이다.

**우리는 사랑을 세 종류로 나눌 수 있다.**

**첫번째는,** 아래 사람이 위에 분을 존경하며 사랑하는 것을 경애라고 한다.

**두번째는,** 동등한 입장에서 서로 사랑하는 것을 친애라고 한다.

**세번째는,** 위엣 사람이 아래 사람을 보살펴주며 보듬어주는 사랑을 헌애라고 한다. 이것이 하나님의 헤세드, 자비이다.

하나님은 삶의 현실에서 너무 힘들고 고통스러워 불면의 밤을 맞이하고 있는 우리에게 헤세드의 자비를 베풀어주시려고 예수님을 이 땅에 보내주신 것이다.

오늘 그 예수님의 헤세드, 자비를 힘입어 살아갈 수 있기를 바란다.

 잠깐 생각하기

1. 고난의 때 당신이 먼저 해야 할 일은 무엇입니까?
2. 주위 사람들에게 겸손히 도움을 요청한 적이 있습니까?
3. 하나님께서 당신에게 베푸신 가장 큰 헤세드는 무엇입니까?
4. 욥처럼 자신의 솔직한 마음을 주님께 기도한 적이 있습니까?

# 중보해 주시는 주님

8

하나님은 나처럼 사람이 아니신즉 내가 그에게 대답할 수 없으며 함께 들어가 재판을 할 수도 없고 우리 사이에 손을 얹을 판결자도 없구나 주께서 그의 막대기를 내게서 떠나게 하시고 그의 위엄이 나를 두렵게 하지 아니하시기를 원하노라 그리하시면 내가 두려움 없이 말하리라 나는 본래 그렇게 할 수 있는 자가 아니니라

"하나님은 나처럼 사람이 아니신즉 내가 그에게 대답할 수 없으며 함께 들어가 재판을 할 수도 없고 우리 사이에 손을 얹을 판결자도 없구나 주께서 그의 막대기를 내게서 떠나게 하시고 그의 위엄이 나를 두렵게 하지 아니하시기를 원하노라 그리하시면 내가 두려움 없이 말하리라 나는 본래 그렇게 할 수 있는 자가 아니니라"(욥기 9:32~35)

## 구소련이 70년 동안...

공산주의 연방국가로 승승장구하다가 한순간에 무너진 것은 소수민족들과의 네트워크가 와해되었기 때문이다. 그처럼 강성대국이었던 소비에트 연맹은 CIS, 독립국가 연합이라는 유명무실국가로 약화된 것이다.

이처럼 거대한 소련체제가 붕괴되는 긴장된 변화의 상황에서 중국은 소수민족들의 반란이나 독립을 막으려고 시도한 전략 중 하나가 전국에 고속도로망을 구축한 것이다. 그처럼 광활한 중국 땅 어느 변방지역까지도 고속도로를 연결하여 하루 생활권이 되게 했다.

중국 전 지역에 길을 뚫어주니 산 속에 사는 소수민족들이 산 아래 마을과 도시로 내려오게 된 것이다. 이것이 길의 힘이다.

우리나라처럼 길이 잘 뚫린 나라는 드물다. 미국 같은 선진국도 아직 비포장도로가 많다. 그런데 우리나라는 산간오지 외딴집까지도 포장도로가 연결되어 있다. 특히 남해와 서해 일대의 섬들도 거의 대부분 연육교로 이어져있다. 도시와 농촌의 평준화가 이루어진 것이다.

최근 개통한 완도대교가 그렇다. 다리 하나가 생활환경에 대혁명을 일으켜준 것이다.

이처럼 길을 내주고 다리역할을 해주는 것은 너무나 중요하다.

인간관계에서도 길을 내주는 사람이 매우 필요하다. 누군가 중재자가 되어 서로를 연결해주고, 관계를 맺어주면 삶의 폭이 넓어진다.


오늘 우리는 서로에게 좋은 중재자가 되어줄 필요가 있다.

다리 역할을 해주는 사람이 필요하다.

사랑의 가교가 되어주어야 한다.

이것이 욥기 8장과 9장의 메시지다.

욥은 끊임없이 자기를 공격하며 몰아붙이는 친구들과 갑론을박할 필요가 없음을 깨달았다. 더 이상 싸울 힘도 없었다.

그리고 죄악 된 인간이 거룩하신 하나님과 변론하거나 더 이상 가까이 나갈 수 없다는 좌절을 느꼈다. 유한한 인간이 절대자 하나님께 access할 수 없기에 탄식하였다.

그래서 욥은 하나님과 인간의 다리역할을 해주는 중보자가 개입해주시기를 염원한 것이다.


　우선 욥기 8장에 등장하는 빌닷은 욥의 상황을 전혀 모르고 비난하며 책망한다.
　1, 심판자로서 책망한다.(1~7절)
　2, 교만하게 책망한다.(8~10절)
　3, 무시하며 책망한다.(11~22절)


　나는 여기서 가슴 깊이 깨달은 점이 있다.
　우리는 차가운 이성보다 따뜻한 감성을 가져야한다.
　우리는 훈장형 상담자가 되지 말아야한다.
　우리는 매정한 충고자가 되지 말고, 다정한 위로자가 돼야한다.
　우리는 내 철학을 주입시키려 들지말고, 하나님의 사랑을 확신시켜주어야 한다. 그런데 욥의 친구 빌닷은 옛 성현들의 교훈까지 동원하여 일침을 가하였다.
　이런 가슴 답답한 상황에서 욥은 진정한 중재자가 개입해주기를 소원한다. 욥은 더 이상 자기 스스로 변명하거나 방어하는 대신 하나님께서 자기를 변호해주시기를 염원한다.
　본문 33절에서 『만일 우리 사이에 손을 얹고 중재할 자가 있다면 모든 것이 원래의 상태로 회복될 텐데』 라고 탄원한다.
　35절에서는 『중보자가 도와주신다면 자기는 더 이상 두려움 없이 담대할 수 있을 거라.』고 염원한다.

우리는 여기서 욥기에 나타난「중보자 신학」을 알게 된다.

그는 중보자 예수님의 은총을 대망하며 사모하고 있다.

그는 중간 중간 중보자의 은총을 갈망한다.

『지금 나의 증인이 하늘에 계시고 나의 대변자가 높은 곳에 계신다. 나의 친구들이 나를 조롱하니 내 눈이 하나님께 눈물을 쏟는구나. 사람이 자기 친구를 위해서 변호하듯 누가 나를 위해 하나님께 변호해주었으면 좋으련만!』(욥기 16:19~21)

『그러나 나는 확신한다. 내 구원자가 살아계신다. 나를 돌보시는 그가 땅 위에 우뚝 서실 날이 반드시 오고야 말 것이다.』(욥기 19:25)

『만일 이때 하나님의 수많은 천사 중 하나가 그 사람의 중재자로 나타나서 그에게 옳은 길을 보여준다면 하나님은 그를 불쌍히 여겨 천사에게 '그를 살려주어라. 그를 죽게 해서는 안 된다. 내가 그의 몸값을 찾았다.' 하고 말씀하실 것이다.』(욥기 33:23~24)

이것이 욥기의「중보자 신학」이다.

그는 중보자의 은총을 목말라한다.

욥은 전능하고 거룩하신 하나님과 의사소통할 수 있는 중보자를 간절히 소원하고 있다.

욥이 대망하고 있는 중보자는『구속자』이다.

히브리어로 '고멜'인데 두 가지 뜻을 지니고 있다.

**첫째,** 잘못을 용서해주시는 대속자다.

**둘째,** 잘한 일을 칭찬하시는 위로자다.

중보자는 대속자요, 대변인이다. 얼마나 든든한가?

그래서 욥은 중보자의 은총을 대망했던 것이다.

성경은 「중보자」(Mediator)의 역할을 중요시한다.

중보자의 역할은 두 사람 사이에 개입하여 그들을 좋은 관계로 화해시키거나 증진시켜준다.


구약에서 제사장과 선지자는 각각 다른 방식으로 중보사역을 담당했다. 제사장은 하나님 앞에서 백성들을 대변하는 일을 했고, 선지자는 백성들에게 하나님의 메시지를 대언하는 일을 했다.

신약에서 예수 그리스도는 새로운 약속의 중보자로서 하나님과 인간을 새로운 관계로 회복시켜주신 것이다. 중보자 예수님이 대속의 제물로 피흘려주신 은혜 덕분에 우리는 하나님을 알현하는 지성소까지 들어가게 된 것이다.

『염소와 송아지의 피로 하지 아니하고 오직 자기의 피로 영원한 속죄를 이루사 단번에 성소에 들어가셨느니라』(히브리서 9:12)

그래서 성경은 예수 그리스도만이 하나님과 인간 사이에 유일한 중보자이심을 선언한다.

『하나님은 한 분뿐이시며 하나님과 사람 사이의 중보자도 한 분뿐이시니 그분이 바로 사람이신 그리스도 예수님이십니다. 그리스도 예수님은 모든 사람을 구원하시려고 자신을 바쳤습니다. 이것은 하나님께서 때가 되어 약속을 이루신 증거입니다.』(디모데전서 2:5~6)

그러면 중보자 예수님이 우리를 어떻게 도와주시는가?

# 1. 중보자 예수님은 십자가의 보혈로 우리를 하나님과 화목케 하신다.

예수님은 죄 때문에 하나님과 단절되어 사는 인간에게 회복의 길, 곧 구원의 길을 열어주시고자 이 땅에 오신 것이다. 그래서 십자가의 피로 화목을 이루어주셨다.

『그의 십자가의 피로 화평을 이루사 만물 곧 땅에 있는 것들이나 하늘에 있는 것들이 그로 말미암아 자기와 화목하게 되기를 기뻐하심이라』(골로새서 1:20)

예수님은 십자가의 보혈로 거룩하신 하나님과 죄악 된 인간 사이에 화목을 이루어주셨다.

즉 예수님은 십자가 희생을 통하여 하나님과 인간 사이의 화목을 이루셨고, 우리가 하나님께 나갈 수 있는 길을 열어주셨다.

『그 때에 너희는 그리스도 밖에 있었고 이스라엘 나라 밖의 사람이라 약속의 언약들에 대하여는 외인이요 세상에서 소망이 없고 하나님도 없는 자이더니 … 이는 그로 말미암아 우리 둘이 한 성령 안에서 아버지께 나아감을 얻게 하려 하심이라』(에베소서 2:12,18)

그래서 예수님은 자기를 소개하실 때 웅장한 선포를 하신다.

『나는 길이요 진리요 생명이다. 나를 통하지 않고는 아무도 아버지께로 가지 못한다.』(요한복음 14:6)

우리가 하나님께 나갈 수 있는 길은 오직 중보자 예수님을 통해서만 가능하다는 선언이다.

이처럼 예수님은 우리가 하나님께 나갈 수 있는 길을 열어주셨다. 그야말로 막힌 담을 헐어주셨다.

『이에 예수께서 이르시되 아버지 저들을 사하여 주옵소서 자기들이 하는 것을 알지 못함이니이다 하시더라 그들이 그의 옷을 나눠 제비 뽑을새』누가복음 23:34

『이제는 율법 외에 하나님의 한 의가 나타났으니 율법과 선지자들에게 증거를 받은 것이라 곧 예수 그리스도를 믿음으로 말미암아 모든 믿는 자에게 미치는 하나님의 의니 차별이 없느니라 모든 사람이 죄를 범하였으매 하나님의 영광에 이르지 못하더니 그리스도 예수 안에 있는 속량으로 말미암아 하나님의 은혜로 값 없이 의롭다 하심을 얻은 자 되었느니라 이 예수를 하나님이 그의 피로써 믿음으로 말미암는 화목제물로 세우셨으니 이는 하나님께서 길이 참으시는 중에 전에 지은 죄를 간과하심으로 자기의 의로우심을 나타내려 하심이니 곧 이 때에 자기의 의로우심을 나타내사 자기도 의로우시며 또한 예수 믿는 자를 의롭다 하려 하심이라』(로마서 3:21~26)

그래서 네비게이터선교회에서는 '브릿지 전도법'을 개발했다. 사람과 하나님 사이에 죄라는 큰 강이 놓여 있는데, 예수님께서 십자가로 다리를 놓아주셔서 우리가 구원받을 수 있다는 복음을 설명하는 전도법이다.

한 마디로 십자가는 하나님께로 가게 하는 사랑의 다리이다. 구원의 다리이다. 생명의 다리이다. 우리는 십자가의 은혜로 거룩하신 하나님께 얼마든지 가까이 갈 수 있다.

## 2. 중보자 예수님은 하나님 보좌 우편에서 우리의 기도를 도와주신다.

예수님은 우리를 위해서 십자가에 죽으셨을 뿐만 아니라, 다시 살아나시고 하늘로 올라가셨다. 그리고 하나님 보좌 우편에서 우리를 위하여 친히 간구하고 계신다.

『누가 정죄하리요 죽으실 뿐 아니라 다시 살아나신 이는 그리스도 예수시니 그는 하나님 우편에 계신 자요 우리를 위하여 간구하시는 자시니라』(로마서 8:34)

히브리서 7장 25절 말씀처럼 『예수님은 우리를 위해 중보기도를 하고 계신다.』

예수님은 지금도 하나님 보좌 우편에서 우리의 기도를 도우시며 때를 따라 긍휼과 은혜를 베풀어주신다.

『그러므로 우리는 긍휼하심을 받고 때를 따라 돕는 은혜를 얻기 위하여 은혜의 보좌 앞에 담대히 나아갈 것이니라』(히브리서 4:16)

그리므로 우리는 중보자이신 예수님의 이름으로 기도하기만 하면 놀라운 응답을 받는다.

최근에 우리 교회 김집사는 회사 업무로 과로하여 오른쪽 눈의 시력을 실명하는 위기를 당했는데도 사랑방 식구들이 합심하여 기도하므로 회복의 기적을 체험하였다. 합심 중보기도의 위력이다.

오늘도 중보자 예수님은 하나님 보좌 우편에서 우리의 기도를 대변하며 돕고 계신다.


## 3. 중보자 예수님은 우리가 하나님께서 약속하신 복을 받도록 도와주신다.

신약성경에서는 예수님의 중보사역을 다양하게 설명한다. 특히 새 언약의 중보자이심을 여러 곳에서 강조한다.

예수님은 구원받은 모든 사람들이 하나님께서 새롭게 주시는 축복을 누리며 살도록 도와주신다.

『그러나 이제 그는 더 아름다운 직분을 얻으셨으니 그는 더 좋은 약속으로 세우신 더 좋은 언약의 중보자시라』(히브리서 8:6)

『이로 말미암아 그는 새 언약의 중보자시니 이는 첫 언약 때에 범한 죄에서 속량하려고 죽으사 부르심을 입은 자로 하여금 영원한 기업의 약속을 얻게 하려 하심이라』(히브리서 9:15)

이처럼 예수님은 우리에게 더 좋은 약속을 이루어주시는 중보자이시다.

중보자 예수님은 하늘에 계신 하나님께서 그분의 손을 우리에게 내밀도록 도와주신다. 그분의 손길이 우리에게 미치도록 중재해주신다. 하나님의 손과 우리의 손이 맞닿도록 중보해주신다.

하나님이 전기를 만드는 발전소라면 중보자 예수님은 그 전력을 공급해주는 송전선과 같다.

●능력을 공급해주신다.

●사랑을 공급해주신다.

●은혜를 공급해주신다.

●새 힘을 공급해주신다.

오늘도 우리는 그 중보자 예수님을 통해 하나님의 손과 연결될 줄 믿기를 바란다.

캠벨 몰간이나 찰스 스윈돌 같은 신학자는 욥이 왜 그처럼 중보자 예수님의 개입을 절실하게 소원했는지 매우 쉽게 설명한다.

오늘 본문의 내용을 보면 욥은 하나님의 크심과 위엄에 놀라서 자신의 상대적 왜소함에 위축되어버린 것이다.

지극히 작은 존재인 인간이 어떻게 크고 거룩하신 하나님과 관계를 가질 수 있을까에 한계를 인식하고, 그 사이에 중보자의 개입을 호소하고, 중보자의 은총을 목말라한 것이다.

그런데 시편 8편 3절과 4절을 보면 다윗은 오히려 낮고 천한 우리를 찾아와주시고 돌보아주시는 중보자의 은총을 이렇게 찬양한다.

『사람이 무엇이기에 주님께서 이렇게까지 생각하여 주시며, 돌보아주십니까?』


중보자 예수님은 우리의 대변인이시다.

변호자이시다.

위로자이시다.

축복자이시다.

중보자 예수님은 오늘도 우리의 상황과 사정을 변호해주신다.

심판으로부터 방어해주신다.

우리의 입장을 하나님께 호소해주신다.

하나님께서 손을 내밀어주시도록 보좌 우편에서 간구해주신다.

오늘 당신에게 그 사랑의 중보자 예수님이 함께 하고 계신다.

당신 곁에서 도와주신다.

사랑의 손으로 붙잡아주시고, 돌보아주신다.

옹호해주신다.

변호해주신다.

위로해주신다.

어떤 고난과 시련도 이길 수 있도록 새 힘을 주신다.

욥처럼 승리할 수 있도록 도와주신다.

예수님은 사랑의 중보자이시다. 할렐루야!

 잠깐 생각하기

1. 변호사와 예수님을 비교해 보십시오! 어떤 공통점이 있습니까?

2. 중보자이신 예수님은 당신을 위해 지금 어떤 일을 하고 계십니까?

3. 중보자이신 예수님께 감사의 기도를 드려봅시다.

4. 당신의 삶과 신앙 속에서 그 분이 당신을 도와주신다는 느낌을 받은 경
   험을 생각해 봅시다.

# 좋으신 하나님 신뢰

9

그가 나를 죽이시리니 내가 희망이 없노라 그러나 그의 앞에
서 내 행위를 아뢰리라

"만일 너희가 몰래 낯을 따를진대 그가 반드시 책망하시리니 그의 존귀가 너희를 두렵게 하지 않겠으며 그의 두려움이 너희 위에 임하지 않겠느냐 너희의 격언은 재 같은 속담이요 너희가 방어하는 것은 토성이니라 너희는 잠잠하고 나를 버려두어 말하게 하라 무슨 일이 닥치든지 내가 당하리라 내가 어찌하여 내 살을 내 이로 물고 내 생명을 내 손에 두겠느냐 그가 나를 죽이시리니 내가 희망이 없노라 그러나 그의 앞에서 내 행위를 아뢰리라 경건하지 않은 자는 그 앞에 이르지 못하나니 이것이 나의 구원이 되리라 너희들은 내 말을 분명히 들으라 내가 너희 귀에 알려 줄 것이 있느니라 보라 내가 내 사정을 진술하였거니와 내가 정의롭다 함을 얻을 줄 아노라 나와 변론할 자가 누구이랴 그러면 내가 잠잠하고 기운이 끊어지리라"(욥기 13:10~19)

**미국 캘리포니아 하이 데저트교회...**

몇년 전 Tom Mercer 목사님한테 큰 감동을 받았다. 그의 목회철학은 이렇다.

"우리 교회에 성숙한 교인은 없습니다. 성숙해 가는 교인만 있을 뿐입니다."

얼마 전에 친구로부터 매우 중요한 질문을 받았다.

"우리가 어느 정도 수준에 올라서야 하나님 앞에 의로운 사람일까? 과연 자신의 의로움을 자신할 수 있을까?"

우리는 어느 정도의 궤도에 올라서야 하나님께 자격이 갖추어지는 것이 아니다.

우리는 예수님의 십자가 은총을 믿고 나오기만 하면 곧바로 하나님께 쓰임 받을 수 있다.

하나님 앞에서는 기존 신자나 초신자나 모두 동등하다. 십자가 은총을 붙잡는 자만 희망이 있다. 우리는 오직 하나님의 긍휼만이 필요한 자들이다.

**그러므로 우리의 모든 것은 십자가로부터 시작된다.**

실존주의 철학자 키엘케고르는 이렇게 말한다.

"인생은 사십부터가 아니다. 그렇다고 이십부터도, 육십부터도 아니다. 인생은 십자가로부터다!"


이번에도 욥은 세 번째 친구 소발로부터 꾸중과 책망만 받는다. 11장부터의 줄거리이다.

그동안 두 친구는 욥을 '죄인' 취급했는데, 세 번째 친구 소발은 욥을 '짐승' 취급한다. 욥을 들 나귀 새끼처럼 미련하다고 호되게 나무라며, 사정없이 질책한다.

불쌍히 여기고, 도와야할 친구를 '짐승' 취급한다.

『허망한 사람은 지각이 없나니 그의 출생함이 들나귀 새끼 같으니라』 (욥기 11:12)

『이제 모든 짐승에게 물어 보라 그것들이 네게 가르치리라 공중의 새에게 물어 보라 그것들이 또한 네게 말하리라』 (욥기 12:7)

정말 가혹한 인신공격이다.


지난 2010년 3월 북한의 도발로 천안함이 침몰하여 사랑하는 자식을 잃은 부모들이 너무 슬퍼서 울부짖을 때 '짐승 같은 소리를 낸다.'고 비난했던 것과 비슷하다.

욥의 친구들은 자신을 완전히 성숙한 자로 여겼고, 욥을 미숙한 자로 취급했다. 그래서 욥의 인격을 무참하게 짓밟는 말을 함부로 내뱉은 것이다. 그 친구 이름이 '소발'이다.

우리는 여기서 타산지석으로 깨달아야할 교훈이 있다.

"우리는 은혜 없는 말을 하지 않도록 조심해야한다."

좋은 말이라고 하여 다 유익된 것이 아니다. 사랑 없는 말, 은혜 없는 말은 오히려 아픔을 주고, 상처를 입힌다. 우리는 모든 일을 사랑으로 행해야 한다.

『나의 사랑이 그리스도 예수 안에서 너희 무리와 함께 할지어다』

(고린도전서 16:24)


가이드포스트의 기고자 Dina Donohue가 쓴 말조심에 관한 지침을 읽었다.

**첫째, 단정하기에 앞서 선의의 해석을 해 보자.**

잘못된 선입관 대신, 좋게 해석하라는 것이다.

**둘째, 무엇이든 칭찬할 점을 찾아보자.**

'칭찬하라. 그리고 나서 충고하라.'는 좋은 말이 있다.

**셋째, 무엇을 말하느냐가 아니라, 어떻게 말하느냐가 중요하다.**

우리 말 속담 그대로 아 다르고, 어 다르다.

말의 내용도 중요하지만, 말하는 태도가 더 중요하다.

나는 어느 책을 통해서 말의 기술 세 가지를 감동적으로 배웠다.

영국 사람들이 불문율로 여기고 있는 스피치의 원칙이다.

소위 말의 3S 요소이다.

●Short : 짧게

●Salt : 감미롭게

●Sense : 인상적인 메시지를 말하라

우리가 하는 말에 성령의 기름 부으심이 있기를 바란다.

성령의 감동이 있기를 원한다.


「세 황금문」(데이)이라는 책에서 우리가 어떤 말을 하기 전에 세 가지 질문을 마음에 품어보라고 가르친다.

**1, 이 말이 참말인가?**

**2, 이것이 필요한 말인가?**

**3, 이것이 친절한 말인가, 즉 사랑을 담은 말인가?**


우리는 욥기의 메시지를 통해서 먼저 깨달아야할 점이 있다.

특히 사람이 어려움을 당할 때 무시해서는 안 된다.

직장에서 해고되었다고 깔보거나, 사업이 부진하거나 실패했다고 인생낙오자로 천시해서는 안 된다.

학교에서 성적이 좋지 않은 학생들을 인간대우하지 않는 사회 풍조가 아이들의 성격을 병들게 하고 있다. 입학시험에 떨어졌다고 죄인취급을 하거나, 회사에 취직을 못했다고 인생실패자로 낙인을 찍는 것은 큰 죄악이다.

영어문장에 이런 좋은 글귀가 있다.

「Not to win is not to sin.」(성공하지 못한 것이 죄는 아니다.)

욥은 자기를 도와준답시고 찾아와서 끊임없이 괴롭히는 친구들에게 욥기 16장 2절에서 이렇게 하소연한다.

『자네들은 모두 나에게 재난을 주는 위로자일 뿐이야!』

(miserable comforter)

그들은 위로한다고 하면서 더욱 괴롭게 할 뿐이다. 병 주고, 약 주는 꼴이다.

그래서 욥은 더 이상 사람한테 시달리기보다 하나님의 대답을 듣기로 결심한다. 하나님만 신뢰하기로 마음을 확정한다.

이것이 오늘 본문 욥기 13장 15절의 선언이다.

『주께서 나를 죽이실지라도 나는 그분을 소망하니, 그분 앞에 내 행위를 변호할 것이다.』

(Though he slay me, I will hope in him ; yet I will argue my ways to his face.)

히브리어 원문은 『나는 그분만을 신뢰한다. 나는 그분만을 희망한다.』고 표명한다. 욥은 좋으신 하나님만을 믿고 바라보기로 마음을 확정했다고 선언한 것이다.

비록 하나님이 자기를 죽이신다하더라도, 여전히 하나님께만 희망을 두겠노라고 선포한다.

이 선언은 13장 모든 구절 중에서 엑기스의 문장이라 할 수 있다. 욥의 신앙고백 중에서 최고다.

욥은 하나님께만 포커스를 맞추기로 마음을 작정한 것이다.

이것은 마치 아브라함이 바랄 수 없는 중에도 바라고 믿었던 신앙수준이다.

예수님께서 십자가에 못 박혀 죽으면서도 하나님 아버지께 모든 것을 맡긴다는 신앙고백과 같은 수준이다.

어떤 신학자는 성경 중에서 가장 위대한 신앙고백 중 하나라고 평가한다.


욥이 이와 같은 신앙고백을 하는 순간 하나님과 사탄 사이의 내기게임은 끝났다고 해석하는 자도 있다. 참 멋진 해석이다.

욥은 비록 하나님께서 자기를 죽음으로 내동댕이 친다할지라도, 주님은 좋으신 분이라는 확신에는 변동이 없음을 말한 것이다.

우리가 하나님을 좋으신 분으로 확신하기만 하면 사탄은 우리 곁을 떠날 줄 믿기 바란다.

그래서 욥은 하나님을 『주님』이라고 아홉 번이나 부르고 있다. 창세기 1장에서 소개되는 좋으신 하나님을 뜻하는 표현이다.

욥은 계속해서 친구들한테 가혹한 공격을 받다가 새로운 사실에 눈이 열린 것이다.

하나님의 위대하심(Greatness)과 선하심(Goodness)을 새롭게 깨달은 것이다. 특히 그는 하나님의 선하심에 포커스를 맞춘다.

욥은 자기가 왜 그처럼 모진 고통과 혹독한 시련을 당해야하는지 의문스러우면서도 흔들리지 않는 희망을 품었다.

그것은 곧 좋으신 하나님께서 반드시 전화위복의 은총을 베풀어 주신다는 확신이다.

그래서 그는 언젠가 이루어질 미래회복을 간절히 대망한다.

『사람이 죽으면 다시 살 수 있겠습니까? 내게 정해진 모든 날 동안 내가 회복될 날이 오기만을 기다릴 것입니다.

주께서 불러만 주신다면 내가 주께 대답하겠습니다. 주께서는 손수 만드신 것을 간절히 바라실 것입니다.

주께서 지금 내 발걸음을 세고 계시니 주께서는 내 죄를 뒤쫓지 않으시고, 내 허물을 자루 속에 넣어 봉하시고, 내 죄를 꿰매어 덮어 주실 것입니다.』(욥기 14:14~17)

우리가 이 책을 시작하면서 욥기의 절정은 『회복』임을 명시하였다. 단순한 회복이 아니라, 더 나은 상태로의 창조적 회복은총을 약속하고 있다.

이것이 14장 14절에서 간구하는 희망의 기도다.

『장정이라도 죽으면 어찌 다시 살리이까 나는 나의 모든 고난의 날 동안을 참으면서 풀려나기를 기다리겠나이다』

그는 새롭게 회복되는 날을 학수고대하고 있다. 어두움이 지나가고 희망의 새아침이 밝아오기를 고대하고 있는 것이다.

그래서 욥은 하나님께서 자기를 아무리 혹독하게 다루신다할지라도 주님은 여전히 좋으신 분이심을 천명한다.

### 아직도 인생의 어두운 터널 속에 갇혀 있는 상태에 있는가?

이미 회복의 날이 다가오고 있음을 믿기를 바란다. 희망의 새아침이 밝아오고 있다.

14절을 영어성경에서는 다양하게 번역하고 있다.

고통의 어둠에서 해방되고(release), 가장 좋은 상태로 새롭게 되는(renewal) 날이 다가오고 있음을 선언한다.

그래서 욥은 최악의 상황에서도 좋으신 하나님을 신뢰하기로 마음을 확정한 것이다.

하나님은 우리에게 좋은 것 주시는 분이시다.

창세기 1장부터 이점을 강조한다.

『좋다』(토브)는 단어는 완전무결한 진선미를 뜻한다. 최상의 작품을 의미한다.

하나님은 본성적으로 좋으신 분이라는 뜻이다.

그래서 하나님은 인간이 비록 죄를 지어 타락했어도, 곧바로 양을 잡아 가죽 옷을 입혀주신다. 즉 우리를 살려주시려고 예수 그리스도를 보내주신 것이다.

이처럼 우리에게 가장 좋은 구원의 은혜를 베푸시려고 이 땅에 오신 예수님은 자기를 소개하면서 『나는 선한 목자다.』라고 천명하신다.

우리를 위해서 목숨까지도 버릴 만큼 우리에게 좋은 것 주시는 사랑의 주님이시다.

주님은 오늘도 우리가 기도하기만 하면 좋은 것으로 응답해주신다. 가장 좋은 포도주와 같은 것으로 축복해주신다.

야고보서 1장 17절 말씀처럼 하나님은 빛들의 아버지로서 우리에게 온갖 좋은 선물을 주신다.

『온갖 좋은 은사와 온전한 선물이 다 위로부터 빛들의 아버지께로부터 내려오나니 그는 변함도 없으시고 회전하는 그림자도 없으시니라』


오늘 우리도 욥처럼 좋으신 하나님만 신뢰하며 어두움의 터널을 통과하기를 바란다.

우리가 좋으신 하나님을 신뢰하기로 마음을 확정하는 순간 사탄과의 내기게임은 끝난다.

우리가 믿음으로 선포하는 그 순간부터 가장 좋은 상태로 새롭게 회복되는 날은 이미 시작되는 것이다.

그러므로 좋으신 하나님을 신뢰하며 살기를 바란다.

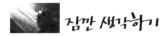 잠깐 생각하기

1. 당신은 하나님 앞에 어떤 자격을 갖춘 사람입니까?

2. 불필요한 말로 후회한 적은 없습니까?

3. 살아가면서 언제 주님이 좋으신 분이라는 것을 느낍니까?

4. 주님이 당신을 사랑하시는 이유가 무엇이라고 생각합니까?

# 종말 신앙의 해법

**10**

내가 알기에는 나의 대속자가 살아 계시니 마침내 그가 땅 위
에 서실 것이라 내 가죽이 벗김을 당한 뒤에도 내가 육체 밖에
서 하나님을 보리라 내가 그를 보리니 내 눈으로 그를 보기를
낯선 사람처럼 하지 않을 것이라 내 마음이 초조하구나

"내가 알기에는 나의 대속자가 살아 계시니 마침내 그가 땅 위에 서실 것이라 내 가 죽이 벗김을 당한 뒤에도 내가 육체 밖에서 하나님을 보리라 내가 그를 보리니 내 눈으로 그를 보기를 낯선 사람처럼 하지 않을 것이라 내 마음이 초조하구나"(욥기 19:25~27)

**알베르트 아인슈타인이 하루는...**

기차를 타고 어느 도시로 가고 있었다. 차장이 기차 표를 검사하러 왔는데, 그는 주머니를 여기저기 뒤졌으나 차표를 찾을 수가 없었다.

그를 물끄러미 보고 있던 차장은 아인슈타인을 알아보고는 "아, 박사님이시군요. 걱정하지마세요. 저는 박사님을 존경합니다."라고 말했다.

몇 분 뒤 차장이 다시 그 열차 칸을 지나가는데 아인슈타인은 아직도 잃어버린 기차표를 찾기 위해 엎드려서 좌석 밑 부분까지 살피고 있었다.

차장은 허리를 숙이고 "박사님, 그냥 일어나 앉아계세요. 우리는 박사님을 믿기에 기차표를 받지 않아도 됩니다."라고 귓속말로 격려해드렸다.

그러자 아인슈타인은 매우 심각하게 말했다.

"여보시오, 젊은이! 이것은 신뢰의 문제가 아니라, 목적지의 문제라오. 나는 목적지를 기억하지 못해서 기차표를 찾고 있는 거라오."

오늘 우리도 정신없을 만큼 열심히 살다보면 삶의 목적조차 잃어버리고 허둥댈 수 있다.

당신은 어디로 가는지 알고 있는가?

영원한 목적지가 분명히 설정되어 있는가?


서양에 어떤 사람이 죽기 전에 자기 묘비 문을 스스로 썼다.

그래서 그가 죽은 후에 그대로 묘비를 세워주었다.

"이 곳을 지나는 사람들아,

당신들이 지금 존재하듯이

나도 그러했노라.

그러니 이제 내가 죽어 있듯이

당신들도 죽어야 할 것이오.

나를 따라 죽을 준비를 하시오."

지나가는 사람들이 많이 읽고 공감을 했다.

그런데 한 여행자가 이 묘비를 읽고 그 밑에 추이로 한 자 더 적어 넣었다.

「당신이 어떤 길로 갔는지 알지 못하는 한,

나는 당신을 따를 의사가 없노라!」

다시한번 말하고 싶다.

당신은 어디로 가는지 알고 있는가?

영원한 목적지가 분명히 설정되어 있는가?

욥은 친구들한테 계속 시달리다가 갑작스럽게 눈이 번쩍 뜨인다. 그는 종말신앙의 관점으로 인생을 해석하기 시작한다.

사실 욥은 친구들한테 다각적으로 시달렸다.

어떤 분의 설명처럼 4가지 F로 고통을 당했다.

- 좌절감(Frustrated)
- 배신감(Forsaken)
- 상실감(Forgotten)
- 허탈감(Finished)으로 시달렸다.


특히 인간관계에서 사람을 가장 힘들게 하는 것 중 하나가 말싸움이다. 뚜렷한 결론이나 해답도 없는 말싸움이 사람을 더욱 지치게 한다. 그야말로 불필요한 소모전에 불과하다.

욥을 더욱 파김치가 되게 했던 것은 친구들과의 백해무익한 설전이었다.

우리는 아무런 생산성이 없는 말싸움에 휘말리지 말고, 오히려 주님 앞에 엎드려야한다.

그래서 욥은 자기 친척들과 친구들에게 제발 자기를 불쌍히 여겨달라고 호소한다(21절).

『나의 친구야 너희는 나를 불쌍히 여겨다오 나를 불쌍히 여겨다오 하나님의 손이 나를 치셨구나』

「Have pity on me.」

그러다가 욥은 종말론적 심판과 승리에 눈이 떠진 것이다.


요즘 최대 이슈인 미래학은 현재 상황의 공통분모에서 미래를 전망하는 것이라면, 종말론은 미래를 기점으로 현재를 해석하는 신앙이다.

신앙생활의 정점은 종말론에 있다. 내세 영광을 바라보고 사는 사람은 삶의 기준이 다르고, 질적 수준도 다르다. 종말신앙이 분명할수록 삶의 등급이 달라진다.

그래서 욥은 또 하나의 위대한 신앙고백을 선포한다.

그동안 욥기에 소개되는 신앙고백 중 최고라고 할 수 있다.

본문 25절부터 27절이다.

『그러나 나는 확신한다. 내 구원자가 살아 계신다. 나를 돌보시는 그가 땅 위에 우뚝 서실 날이 반드시 오고야 말 것이다. 내 살갗이 다 썩은 다음에라도, 내 육체가 다 썩은 다음에라도, 나는 하나님을 뵈올 것이다. 내가 그를 직접 뵙겠다. 이 눈으로 직접 볼 때에, 하나님이 낯설지 않을 것이다. 내 간장이 다 녹는구나!』

욥은 여기서 엄청난 용어를 사용한다. 『구원자』라는 명칭이다. 대부분 우리말 성경에 『구속자』(Redeemer)로 번역하는데, 히브리어로는 「고엘」이다. 성경에서 매우 중요한 단어이다.

이것은 그동안 욥이 사용했던 「중보자」라는 단어보다 한 단계

높은 뜻을 지니고 있다.

구속자, 고엘이라는 단어는 두 가지 상황 속에서 적용된다.

**첫째,** 땅의 개념인데, 어떤 사람이 자기 땅을 가지고 있다가 남의 소유로 넘어가면 누군가가 대신하여 그 값을 지불해주고 다시 찾아주는 행위이다. 그래서 '땅을 구속한다.' 라고 말한다.

**둘째,** 사람의 개념인데, 어떤 사람이 일을 잘 못하거나 범죄하여 다른 사람의 노예가 되었을 때, 누군가가 대신하여 그 사람이 몸값을 지불해주고 자유를 되찾아주는 행위이다. 그래서 '종을 구속한다, 노예를 구속한다.' 는 개념으로 사용한다.

이처럼 내가 잃어버린 것을 되찾는 것, 신분을 다시 회복하는 것을 『구속』(고엘)이라고 한다.

그런데 그 구속자에게는 반드시 두 가지 자격이 갖추어져 있어야 한다.

**첫째로** 형제이어야 한다.

**둘째로** 구속해 줄 수 있는 능력이 있어야한다.

그분이 곧 하나님이시다.

욥은 너무나 감격하여 힘차게 외친다.

"바로 그분이 살아 계시도다. 그리고 그분이 반드시 이 땅에 직접 찾아와주신다."

살아계신 하나님이 이스라엘을 이집트에서 구속하셨다.

다윗을 중심하여 수많은 믿음의 사람들을 위기와 환난에서 구속하여주셨다.

바로 그 하나님이 각 개인을 어두움의 세력에서 구속해주신다는 것이다.

오늘도 그 구원자 하나님이 살아계신다. 우리를 구원하러 찾아와주신다.

욥의 신앙고백은 구약성경에 나타나는 최초의 부활신앙이다. Ray Stedman이라는 신학자는 「종말 승리를 내다보는 신앙고백」이라고 해석한다.

Ray는 모든 성경에서 믿음의 승리를 가장 먼저 선포한 신앙고백이라고 격찬한다. 하나님께서 능력과 권세로 이 세상에 오실 때 모든 것들이 밝혀질 것이라는 선포이기 때문이다.

이처럼 욥은 부활의 새아침을 내다보는 신앙으로 인생의 숙제를 풀어가기 시작한다.

그야말로 종말신앙으로 해법을 찾은 것이다.

욥은 신학적 부활신앙을 말한 것이 아니라, 자기 개인의 부활승리를 내다보기 시작한 것이다. 그래서 그는 『자기 몸도 부활하여 하나님을 볼 것이다.』(26절) 라고 노래한다.

우리도 예수님처럼 부활하여 모든 것을 보상받는 승리의 날이 올 줄 믿기를 바란다.


**그러면 우리는 욥의 신앙고백을 통해 무엇을 배울 수 있을까?**

# 1. 종말승리를 확신하고 살아야한다.

욥은 사방팔방으로 공격만 당하고 갈수록 인생의 어두운 골짜기로 내몰리면서도 새로운 시야가 열린 것이다. 그래서 그는 사자처럼 포효한다. 아마도 산과 들이 쩌렁쩌렁 울릴 만큼 큰 소리로 외쳤을 것이다.

『나는 확신한다. 내 구원자가 살아계신다. 나를 돌보시는 그가 땅 위에 우뚝 서실 날이 반드시 오고야 말 것이다.』(욥기 19:25)

그는 하나님의 살아계심을 확신했다.

사실 욥은 그동안 하나님을 판단자와 옹호자로 믿어 왔다. 그리고 이전 장처럼 좋으신 하나님으로 믿어왔다.

그런데 이제는 하나님을 구속자로 믿고 있는 것이다. 살아계셔서 찾아오시는 하나님을 믿고 있는 것이다. 그는 하나님께서 종말 승리를 가져다주신다는 확신을 선포한다.


히브리서 7장 25절 말씀처럼 그는 살아계신 하나님께서 반드시 돌보아주시고, 그리고 승리의 정상에 우뚝 세워주실 것을 절대적으로 확신한 것이다.

『그러므로 자기를 힘입어 하나님께 나아가는 자들을 온전히 구원하실 수 있으니 이는 그가 항상 살아 계셔서 그들을 위하여 간구하심이라』

여기 「그가 땅 위에 우뚝 서실 날이 반드시 오고야 말 것이다」

라는 표현에서 '땅위'라는 말은 '티끌'을 뜻한다.

하나님은 고난의 먼지 구덩이 같은 삶의 현장에 직접 찾아오셔서 모든 억울함을 풀어주시고 회복해주신다는 확신의 노래이다.

그렇다. 종말에 모든 것이 다 드러난다. 다 밝혀지고, 알게 된다. 모든 것이 완벽하게 해결된다. 억울함도 다 풀린다. 그 동안의 모든 수고를 인정받고, 보상 받는다.

그러므로 종말승리를 확신하는 신앙으로 살아가기를 바란다.


## 2. 종말승리를 희망하고 살아야한다.

이제 욥은 부활신앙으로 종말승리를 더욱 선명하게 보기 시작한다. 본문 26절과 27절이다.

『내 살갗이 다 썩은 다음에라도, 내 육체가 다 썩은 다음에라도, 나는 하나님을 뵈올 것이다. 내가 그를 직접 뵙겠다. 이 눈으로 직접 뵐 때에, 하나님이 낯설지 않을 것이다. 내 간장이 다 녹는구나!』

욥은 자기 살이 다 썩어서 죽는다 할지라도 다시 부활할 것을 믿었다. 그래서 그는 다시 살아난 몸으로 하나님을 보게 되는 날을 희망한다.

얼마나 분명한지 "내가 그를 직접 뵐 것이다. 내 두 눈으로 분명하게 뵐 것이다."라고 힘차게 선언한다.

27절의 표현이 실감난다.

욥은 그날을 희망할수록 가슴이 벌렁벌렁 설레였다. 그날이 하루라도 빨리 오기를 대망하여 애간장이 타들어간다고 고백한다. 모든 것이 찬란한 영광으로 바뀌는 그날을 학수고대하다 보니 심장이 두근거렸다.

**오늘 우리도 이와 같은 종말승리를 희망하며 살아야한다.**

오스트리아의 심리학자 Victor Frankle은 아우슈비츠수용소에서 살아나온 인간승리자답게 이런 말을 한다.

"희망을 가진 자는 살아난다."

기독교 신앙의 핵심은 희망이다.

불가항력적 절망 앞에서도 여전히 희망이다.

무덤 앞에서도 희망이다.

'죽음의 자리에서 일어나라고 희망을 선포하신다.'

우리의 구원자이신 예수님은 오늘도 살아계셔서 우리에게 영광스런 종말승리를 희망하며 살도록 어두움의 현장에 찾아와주신다.

그래서 요한계시록 22장 마지막 결론이 너무나 장엄하다.

머지않아 다시 오실 예수님과 사도 요한의 대화는 우리의 가슴을 설레게 한다.

『참으로 내가 속히 갈 것이다. 아멘. 주 예수여, 어서 오시옵소서!』

헬라어 표현으로 이렇다.

『마라나타, 아멘 주 예수여, 어서 오시옵소서!』

예수님이 오시는 날 모든 것이 밝혀진다.
반드시 보상받는다. 인정받는다. 회복된다.
당신이 옳다면 분명히 승리한다. 영광이 주어진다.
『하나님 아버지 나라에서 해와 같이 빛날 것입니다.』(마태복음
13:43)

그러므로 우리는 현실에 너무 연연하지 말고, 종말신앙으로 해
법을 찾아 살아가기를 바란다!

 **잠깐 생각하기**

1. 당신은 이 땅을 떠나도 천국에 갈 것이라는 확신이 있습니까?
2. 누군가가 "당신은 무슨 자격으로 천국에 갑니까?"라고 묻는다면, 거기에
   대해서 무엇이라고 대답하겠습니까?
3. 당신은 지금의 어려운 현실이 훗날 보상 받으리라는 것을 확신합니까?
4. 예수님을 구주로 믿는다는 것이 당신의 삶에 어떤 소망을 줍니까?

# 안전한 미래

그러나 내가 가는 길을 그가 아시나니 그가 나를 단련하신 후에는 내가 순금 같이 되어 나오리라 내 발이 그의 걸음을 바로 따랐으며 내가 그의 길을 지켜 치우치지 아니하였고 내가 그의 입술의 명령을 어기지 아니하고 정한 음식보다 그의 입의 말씀을 귀히 여겼도다 그는 뜻이 일정하시니 누가 능히 돌이키랴 그의 마음에 하고자 하시는 것이면 그것을 행하시나니 그런즉 내게 작정하신 것을 이루실 것이라 이런 일이 그에게 많이 있느니라

"그러나 내가 가는 길을 그가 아시나니 그가 나를 단련하신 후에는 내가 순금 같이 되어 나오리라 내 발이 그의 걸음을 바로 따랐으며 내가 그의 길을 지켜 치우치지 아니하였고 내가 그의 입술의 명령을 어기지 아니하고 정한 음식보다 그의 입의 말씀을 귀히 여겼도다 그는 뜻이 일정하시니 누가 능히 돌이키랴 그의 마음에 하고자 하시는 것이면 그것을 행하시나니 그런즉 내게 작정하신 것을 이루실 것이라 이런 일이 그에게 많이 있느니라"(욥기 23:10~14)

## 중국집에 가면 식사를 마친 후에...

fortune cookie를 준다. 사람들이 대부분 좋아한다. 그 이유는 그날의 행운에 관한 메시지이기 때문이다. 사람은 누구나 미래 행운을 꿈꾼다.

그런데 우리의 미래는 장밋빛이 아니다.

점점 더 불확실하다. 예측불허라 갈수록 불안하다.

이런 연유로 우리나라는 점집과 점쟁이가 기하급수적으로 늘어나고 있다.

통계청 자료에 의하면 점집은 140,675곳, 점쟁이는 150,711명이다. 기독교 목회자 수(12만 명) 보다 훨씬 많다.

시대적으로 미래가 불확실하기 때문에 두려움을 느끼고 있는 현상인 것이다.

그렇지만 성경은 우리의 미래에 대하여 안전보장을 약속한다.

하나님이 역사의 주관자이시기 때문이다. 더구나 우리는 하나님의 자녀이다. 사랑받는 자녀이다. 그러기에 모든 것을 유익되게 이끌어 가신다. 어떤 상황에서도 안전하게 지키시고 돌보아주신다.

『내가 산을 향하여 눈을 들리라 나의 도움이 어디서 올까 나의 도움은 천지를 지으신 여호와에게서로다 여호와께서 너를 실족하지 아니하게 하시며 너를 지키시는 이가 졸지 아니하시리로다 이스라엘을 지키시는 이는 졸지도 아니하시고 주무시지도 아니하시리로다 여호와는 너를 지키시는 이시라 여호와께서 네 오른쪽에서 네 그늘이 되시나니 낮의 해가 너를 상하게 하지 아니하며 밤의 달도 너를 해치지 아니하리로다 여호와께서 너를 지켜 모든 흰난을 면하게 하시며 또 네 영혼을 지키시리로다 여호와께서 너의 출입을 지금부터 영원까지 지키시리로다』(시편 121편)

그러므로 우리의 미래는 안전하다.


욥기의 구조는 점점 절망에서 확신으로 발전한다.

욥은 더 이상 친구들과 갑론을박 말싸움하는 대신, 하나님을 직접 알현하고 싶어 한다. 그래서 욥기의 특성은 사람과의 논쟁 이야기는 점점 짧아지고, 하나님을 향한 애원과 호소가 길어진다.

욥을 비난하는 친구들의 논박은 갈수록 짧아지고, 하나님을 향한 욥의 탄원은 점점 더 길어진다.

우리는 욥기를 읽어 갈수록 욥의 수준 높은 신앙에 감동을 받는다. 그는 수평선의 신앙에서 수직적인 신앙으로 발전한다. 그는 친구들과 평행상태에서 시시비비를 따지는 대신, 위에서 아래를 내려다보는 수직적 신앙관으로 인생의 문제를 풀어가기 시작한다.

욥은 새로운 확신을 갖게 되는데, 하나님은 변박자가 아니라 변호자라는 점이다.

**하나님은 우리를 비난하고 공격하는 분이 아니라, 우리를 용서하고 용납해주는 분이시다.** 하나님은 시시비비를 따지는 대신, 우리를 있는 그대로 품어주는 사랑의 주님이시다.

중세기 교부 가운데 한분인 십자가의 성 요한(Saint John of the Cross)은 "하나님은 우리의 불완전함을 이해하신다."고 말한다.

그래서 욥은 하나님께서 더 이상 숨바꼭질하지 마시고, 자기에게 나타나 주시기를 염원한다.

「하나님, 도대체 어디 계세요?」라고 애타게 질문한다.

「하나님, 더 이상 숨어계시지 말고, 제발 좀 나타나주세요.」라고 절규한다.

그러면서 욥은 지금까지 해왔던 신앙고백 중에서 최고의 선언을 한다. 10절 말씀이다.

『나의 가는 길을 오직 그분이 아시나니, 그분이 나를 단련하신 후에는 내가 정금같이 나올 것이다.』

욥은 하나님이 어디에 계신지 몰라도 주님을 신뢰하며, 하나님이 어떻게 하실지 몰라도 주님을 신뢰한다고 고백하는 것이다. 욥은 하나님이 계신 장소와 그분의 계획을 전혀 알지 못함에도 불구하고 하나님을 신뢰한다고 선포한다.

욥의 눈에는 하나님이 안보였으나, 하나님의 눈에는 욥이 보였기 때문이다.

욥은 하나님의 뜻을 정확히 몰랐으나, 하나님은 욥의 상황을 다 알고 계심을 믿었기 때문이다.

즉 욥은 자신의 미래가 지금보다 더 나은 상태로 회복될 것을 확신했던 것이다.

지금 자신의 처지와 상황이 어떠하든, 자신의 미래는 안전하다는 확신의 노래이다.

그렇다면 오늘 나의 미래, 어떻게 안전할 수 있을까?

## 1. 하나님은 나를 안전하게 인도하신다.

이제 욥은 신앙고백의 정상에 올라선다. 즉 자신의 미래가 어떻게 될지는 잘 모르나, 누가 자기와 함께하고 계신지는 분명히 안다고 표명한다.

본문 10절의 말씀이다.

『내가 가는 길을 그가 아신다.』

이 말씀의 대칭적 구조를 보자. 욥은 하나님이 어디 계시는지는 모른다. 그러나 하나님은 욥이 어디에 있는지를 알고 계신다.

즉 우리가 어디를 가든지 하나님이 먼저 가 계신다는 뜻이다. 하나님은 우리가 보지 못하는 상황에서도 여전히 함께하고 계신다.

나는 오래전 미국의 어느 통신회사 광고를 보면서 깨달았다. 그들은 이런 문장으로 고속도로 곳곳에 광고간판을 세워 놨다.

「Where you go, there we are」

자기 회사 전화기는 어디서든지 잘 연결된다는 뜻이다.

나는 그 광고문을 이렇게 바꾸어 적용한바 있다.

「Where you go, there He is」

오늘도 주님이 나와 함께 하심을 믿기를 바란다.

아브라함도 자기가 어디로 가고 있는지는 확실히 몰랐으나, 누가 함께하고 있는지는 분명히 알았다.

세계적인 복음 전도자 빌리 그래함 목사님께 어느 기자가 물었다.

"목사님은 탁월한 예언적 설교자로서 이 세계의 미래에 대하여 많은 설교를 해오고 계시는데, 목사님 자신의 미래에 관해서는 얼마나 알고 계시나요?"

빌리 그래함 목사님은 이렇게 감동적인 대답을 했다.

미묘한 질문에 절묘한 대답이다.

"나는 내 인생의 미래에 대하여 아무 것도 모릅니다. 그러나 누가 나와 함께 하고 계시는지는 분명히 알고 있습니다."

오늘도 내가 어디에 있느냐는 그렇게 중요하지 않다.

**누가 나와 함께하고 있느냐가 중요하다.**

하나님은 우리와 항상 함께 하시려고 예수님을 이 땅에 보내주신 것이다. 예수님은 세상 끝 날까지 우리와 함께 하여 주신다.

『…내가 세상 끝날까지 너희와 항상 함께 있으리라 하시니라 』(마태복음 28:20)


## 2. 하나님은 나를 복되게 만들어주신다.

욥은 하나님께서 왜 자기를 혹독하게 연단하시는지 서서히 실마리를 찾기 시작한다.

하나님이 자기를 복되게 만드신다는 확신을 갖게 된다.

그래서 자신의 시련을 순금 제련에 비유한다. 불은 단련시킬 뿐만 아니라, 정련시킨다. 즉 모든 불순물을 제거하고 깨끗하게 만든다. 불의 강도에 따라서 순금의 퀄러티가 달라진다.

욥은 이처럼 하나님께서 연단을 통하여 자기를 복되게 만들고 계심을 확신하기 시작한다.

그래서 그는 이렇게 고백한다.

『그분이 나를 단련하신 후에는, 내가 정금같이 나올 것이다.』

뜨거운 용광로에서 깨끗한 순금이 만들어지듯이 하나님은 욥의 인격을 더욱 숭고하게 만들어 가신다. 그의 믿음은 더욱 더 빛나는 영광의 경지로 올라서게 된다.

이것이 베드로전서 1장 7절의 메시지이기도 하다.

『너희 믿음의 확실함은 불로 연단하여도 없어질 금보다 더 귀하여 예수 그리스도께서 나타나실 때에 칭찬과 영광과 존귀를 얻게 할 것이니라』

우리가 연단을 받는 만큼 금보다 더 귀한 믿음의 사람이 되는 미래영광을 보장해준다.

베드로는 이것이야말로 하나님께서 우리를 위해 준비해 놓으신 복이라고 설명한다. 하나님은 우리를 하늘의 복 받을 자로 만들어 가시는 것이다.


하나님은 오늘도 당신이 원하시는 수준으로 우리를 만들어 가고 계신다.

우리가 재수가 없어서 재난을 당한 것도 아니요, 운이 없어서 병들거나 사업이 어려운 것이 아니다.

하나님께서 복되게 만들어 가시는 과정에 불과하다.

하나님께서 하시는 일은 마치 씨줄과 날줄이 서로 조화를 이루어 멋진 비단을 만들 듯이 우리의 삶을 최상의 작품으로 만들어 주신다.

그래서 욥은 재물의 회복보다는 인격의 회복을 대망하기 시작한다. 이것이 욥의 신앙적 발전이다.

우리는 욥기의 핵심적 메시지를 잘 파악해야한다. 욥기는 단순한 물질적 회복을 말하기보다, 신앙적 회복, 즉 영성의 회복을 더욱 중요시한다. 이것이 욥의 노래다.

『나의 길 오직 그가 아시나니 나를 단련하신 후에 내가 정금같이 나오리라.』

주님이 우리를 연단하시므로 터프한 성품을 부드럽게 만들어 주신다. 연약한 기질을 강인하게 만들어주신다. 어제의 아픔이 오늘 내 성품을 빚어주었고, 오늘의 연단이 내일의 성숙을 이룬다.


우리나라가 규모는 작지만 세계열강의 대열에 선 것은 많은 시련과 고난을 극복한 민족이기 때문이다.

우리 한국교회는 세계선교를 주도하고 있다. 어느 나라, 어느 변방에 들어가도 한국선교사들이 탁월하게 사역하고 있다. 그동안 많은 연단과 시련의 과정을 겪은 저력으로 미션 임파서블의 선교를 이루어내고 있다.

25시의 작가 버질 게오르규가 말한 것처럼 우리나라는 고난

속에서도 흰옷을 입고 시련을 통과한 민족이기 때문이다.

요즘 어떤 고난과 시련의 과도기에 놓여 있는가?

하나님께서 당신을 복되게 만들어가고 계심을 믿기 바란다.

『나의 미래는 안전하다.』


# 3. 나는 하나님의 말씀대로 살아갈 것이다.

욥은 인생의 어두운 암흑기에도 여전히 하나님께서 함께하시며, 큰 계획이 진행되고 있음을 확신하였기에 그는 말씀대로 살기로 더욱 다짐한다.

지금까지도 말씀의 원리를 붙잡고 살아온 사람답게 그는 어떤 악천후에서도 주님의 말씀대로 살아갈 것이라고 표명한다.

욥은 요동치 않는 믿음의 사람이다. 그래서 하나님의 말씀을 보물처럼 여기며 살았다. 하루하루의 음식보다도 더 소중하게 여겼다.

그렇다. 인생의 원리가 분명한 사람은 어떤 상황에서도 좌왕우왕하지 않는다. 상황이 아무리 힘들고 불리해도 정도에서 벗어나지 않는다. 자기를 이기며 살아간다.


욥은 본문 13절과 14절에서 이렇게 선언한다.

『그는 뜻이 일정하시니 누가 능히 돌이키랴 그의 마음에 하고자 하시는 것이면 그것을 행하시나니 그런즉 내게 작정하신 것을 이루실 것이라 이런 일이 그에게 많이 있느니라』

우리가 주님의 말씀대로 사는 만큼 하나님은 그분의 계획을 완벽하게 이루어주신다. 주님은 우리를 결코 실망시키지 않는다.

욥은 더 이상 자신의 처지에 초점을 맞추지 않고 하나님의 신실하심에 초점을 맞춘다. 그래서 말씀대로 살겠다고 더욱 확고하게 다짐한다.

우리가 아무리 힘들고 어려운 상황에서도 하나님의 말씀을 붙잡고 살면 주님께서 얼마나 완벽한 은혜를 베푸시는지 14절의 선포가 참 멋지다.

『진실로 그분은 내게 정하신 것을 다 이루실 것이다. 이런 일이 그분에게는 (얼마든지) 많이 있다.』

하나님은 오늘도 우리를 완전무결하게 인도해주신다.

이것이 하나님의 신실하심이다. 그러므로 우리 편에서의 신실한 신앙이 미래행복의 보장인 것이다.

### 믿음은 하나님께 주파수를 맞추는 것이다.

즉 믿음은 환경을 바꾸는 것이 아니라, 관점을 바꾸는 것이다.

사람에게 초점을 맞추지 않고, 하나님께 초점을 맞추는 것이다.

믿음은 할 수 있게 만드는 능력이다. 풀 수 있게 하는 열쇠이다. 그러므로 우리가 믿음으로 산다는 것은 '무모한 베팅'을 하는 것이 아니라, '과감한 베팅'을 하는 것이다. 벤처 신앙으로 벼랑 끝에 서 보는 것이다.

오늘 우리는 욥기 23장을 통해 영적 진보를 이루어야한다.

**첫째,** 우리는 모든 것을 알아야겠다는 욕망을 버려야한다.

무엇을 많이 안다고 인생이 바뀌는 것이 아니다. 인생의 현실에서 궁금증이 많아도, 우리는 오직 믿음으로 살아가야한다.

**둘째,** 현재의 고난보다는 미래의 축복과 약속에 초점을 맞추어 살아야한다.

하나님은 우리를 더 나은 사람으로 축복하고 싶어 하신다.

그러기에 우리는 더욱 더 말씀의 원리를 따라 살아야한다.

우리의 미래에 대하여 하나님은 이렇게 보장해주신다.

"I will remember and I will reward any act of your goodness."

나는 너의 신실함을 기억하며, 너의 신실함을 보상해줄 것이다.

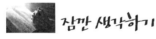 *잠깐 생각하기*

1. 당신이 어느 상황에 놓였는가가 중요한 것이 아니라, 누구와 함께 있느냐가 중요하다는 것을 깨닫습니까?
2. 시련의 순간에도 하나님 말씀을 소중히 붙잡고 있습니까?
3. 지금 현재 당신이 당하고 있는 시련의 의미에 대해 생각해 봅시다.
4. 지금 현재 당신이 당하고 있는 시련이 끝난 후에 당신에게는 어떤 복이 기다리고 있습니까?

# 신앙적 지식인의 삶

그런즉 지혜는 어디서 오며 명철이 머무는 곳은 어디인고 모든 생물의 눈에 숨겨졌고 공중의 새에게 가려졌으며 멸망과 사망도 이르기를 우리가 귀로 그 소문은 들었다 하느니라 하나님이 그 길을 아시며 있는 곳을 아시나니 이는 그가 땅 끝까지 감찰하시며 온 천하를 살피시며 바람의 무게를 정하시며 물의 분량을 정하시며 비 내리는 법칙을 정하시고 비구름의 길과 우레의 법칙을 만드셨음이라 그 때에 그가 보시고 선포하시며 굳게 세우시며 탐구하셨고 또 사람에게 말씀하셨도다 보라 주를 경외함이 지혜요 악을 떠남이 명철이니라

12

"욥이 대답하여 이르되 네가 힘 없는 자를 참 잘도 도와 주는구나 기력 없는 팔을 참 잘도 구원하여 주는구나 지혜 없는 자를 참 잘도 가르치는구나 큰 지식을 참 잘도 자랑하는구나 네가 누구를 향하여 말하느냐 누구의 정신이 네게서 나왔느냐 죽은 자의 영들이 물 밑에서 떨며 물에서 사는 것들도 그러하도다 하나님 앞에서는 스올도 벗은 몸으로 드러나며 멸망도 가림이 없음이라 그는 북쪽을 허공에 펴시며 땅을 아무것도 없는 곳에 매다시며 물을 빽빽한 구름에 싸시나 그 밑의 구름이 찢어지지 아니하느니라 그는 보름달을 가리고 자기의 구름을 그 위에 펴시며 수면에 경계를 그으시니 빛과 어둠이 함께 끝나는 곳이니라 그가 꾸짖으신즉 하늘 기둥이 흔들리며 놀라느니라 그는 능력으로 바다를 잔잔하게 하시며 지혜로 라합을 깨뜨리시며 그의 입김으로 하늘을 맑게 하시고 손으로 날렵한 뱀을 무찌르시나니 보라 이런 것들은 그의 행사의 단편일 뿐이요 우리가 그에게서 들은 것도 속삭이는 소리일 뿐이니 그의 큰 능력의 우렛소리를 누가 능히 헤아리랴"(욥기 26:1~14)

"그런즉 지혜는 어디서 오며 명철이 머무는 곳은 어디인고 모든 생물의 눈에 숨겨졌고 공중의 새에게 가려졌으며 멸망과 사망도 이르기를 우리가 귀로 그 소문은 들었다 하느니라 하나님이 그 길을 아시며 있는 곳을 아시나니 이는 그가 땅 끝까지 감찰하시며 온 천하를 살피시며 바람의 무게를 정하시며 물의 분량을 정하시며 비 내리는 법칙을 정하시고 비구름의 길과 우레의 법칙을 만드셨음이라 그 때에 그가 보시고 선포하시며 굳게 세우시며 탐구하셨고 또 사람에게 말씀하셨도다 보라 주를 경외함이 지혜요 악을 떠남이 명철이니라"(욥기 28:20~28)

**우리가 살고 있는 시대는...**

단순한 육체노동자(manual worker)에서 전문적인 지식근로자로 바뀌었다.

어떤 일을 하던지 전문성을 갖추어야한다.

불과 얼마 전 20세기 초만 하더라도 어떤 나라도 예외없이 노동인구 100명당 90명에서 95명은 육체노동자(manual worker)였다.

그런데 21세기에 진입하자마자 글로벌 사회는 지식 혁명을 통한 지식 근로자가 주축을 이루어 가고 있다. 그래서 앞서 가는 기업일수록 전문적인 지식경영을 기초로 한다.


우리나라는 6.25 전쟁시절만 하더라도 전형적인 농업사회 국가였는데, 전쟁이 끝나자마자 세계화의 추세에 빨리 발을 맞추어 산업사회로 변신했다.

그리고 곧바로 우리나라는 기업들이 앞장서서 지식경영을 도입하므로 세계 수준의 지식사회를 이루어가고 있다.

우리나라의 높은 교육열과 전문분야별 지식수준은 대단하다.

전문가들의 분석에 의하면 영국이 250년, 미국, 독일, 프랑스가 80~100년 만에 지식사회를 이루어낸 것을, 우리 대한민국은 단 40년 만에 이루어냈다.

요즘은 중국과 인도가 급부상하고 있는데, 중국은 생산력에서, 인도는 지식력(knowledge power)에서 빠르게 성장하고 있다. 따라서 인도의 지식 성장은 미래사회에 새로운 변화를 가져올 것으로 전망하고 있다.

우리가 그 나라의 문화와 지성 수준을 분석할 수 있는 하나의 기준이 있다면 사람들이 말하는 대화와 목소리의 크기이다.

저급한 국민일수록 대화의 내용이 없고, 말소리가 시끄럽다.

이런 관점에서 분석해보면 중국은 여전히 차이가 난다.

금세기 최고의 학자였던 피터 드러커는 「미래를 읽는 힘」이라는 그의 책에서 "21세기 지성인 리더"가 되려면 몇 가지 조건을 갖추어야 하는데, 그가 가장 강조하는 사항은 「교양인(educated person)이 되어야 한다.」는 점이다.

그래서 나는 지성과 영성의 조화를 지향한다. 균형잡힌 신앙적 지식인으로 살아가기를 소원한다.

사람은 제대로 알지 못하는 수준일수록 함부로 지껄인다.

무식한 사람일수록 경박하게 말한다.


욥의 친구 빌닷은 어떻게 해서라도 욥을 꺾어 누르고, 이겨먹으려고 우격다짐의 말을 한다.

그것이 욥기 25장 내용이다.

재미있는 점은 욥기 전체 42장에서 가장 짧은 장이 25장이다.

빌닷은 지식적으로 수준이 낮은데도 욥을 짓누르려고 매우 유식한 체 해본다.

그런데 그의 지식수준이 저급하여 더 이상 할 말이 없기에 짧은 내용으로 끝난다. 욥의 신앙적 기개를 꺾어보려고 오기를 부리며 떠들어보았지만 그의 지식은 바닥이 나서, 여섯 마디 말을 하고는 끝내버린다. 그래서 욥기에서 25장이 가장 짧다.

한마디로 빌닷의 신앙적 지성은 율법적 지식수준이다. 사람을 세워주는 지혜가 아닌, 상대방을 깎아내리고 정죄하는 지식이다. 25장 6절을 보면 그의 경박함이 여실하게 드러날 뿐이다.

『하물며 구더기 같은 사람, 벌레 같은 인생이랴』

그는 친구 욥을 구더기 같은 존재, 벌레 같은 자로 비하시킨다.


반면에 욥의 신앙적 지식은 그 수준이 대단하다. 특히 그의 과학적 지식은 역사이래로 최고 수준이다. 지금도 자연과학과 우주과학에서는 욥기가 최고의 텍스트다.

빌닷이 지극히 초보적인 기초지식으로 욥을 깔아뭉개려고 하자, 욥은 그동안 축적해 놓았던 그의 심오한 지식으로 하나님의 위대하심과 경이로우심을 설명해준다.

욥기 38장 이하에서 한 번 더 살펴보겠지만, 우주를 창조하시고 다스리시는 하나님의 위대하심에 대하여 우리는 감탄스런 경외심을 느낄 것이다.

그러나 우선 26장의 내용만 보더라도 욥의 신앙적 지식수준은 대단하다. 하늘과 땅을 다스리시는 하나님의 위대하심에 대한 그의 해박한 지식은 신비로울 정도다.

욥은 빌닷의 경박한 지식에 응수하여 하나님의 위대하심을 일목요연하게 정리하며 경탄한다.

하나님은 지상과 지하를 통치하시고, 하늘 우주공간뿐만 아니라, 물속까지도 직접 다스리신다.

즉 지하세상, 지상세계, 그리고 천상과 수중까지 통솔하시는 하나님을 욥은 우러러 감탄한다.


그 내용을 세분하면 이렇다.

**첫째**, 하나님은 땅 아래 죽음의 세계까지 통치하신다.

**둘째**, 하나님은 온 우주를 통솔하신다.

즉 수많은 은하계를 허공에 펼쳐놓으시고, 그리고 그 우주공간에 땅을 매달아 놓으셨다.

**셋째**, 하나님은 하늘의 구름을 활용하여 바다의 물길까지 다스리신다.

하늘의 구름으로 지구의 온도를 조절하시고, 땅에 물을 공급하고자 비가 내리게 하신다. 때로는 천둥과 번개를 쳐서 루트를 따라가게 하시고, 바다에 파도를 일으켜 물길의 방향을 조종하신다.

**넷째**, 하나님은 낮과 밤이라는 시스템으로 시간세계를 이끌어가신다.

그래서 지평선 너머에서 해가 뜨고 지게 함으로 낮에는 빛으로 밝게 하시고, 밤에는 어둠으로 고요하게 하신다.

**다섯째**, 하나님은 지금도 온 우주를 질서정연하게 다스리고자 성령으로 운행하신다.

창세기 1장 2절에서 설명하듯이 엄청난 은하계로 조직되어 있는 우주가 충돌하지 않고 질서에 따라 움직이도록 성령님이 직접 운행하여 주신다.

이처럼 삼라만상을 다스리시는 하나님의 광대하심을 기초적으로 말하다가 욥은 간단하게 결론을 내린다.

이 모든 현상들은 하나님이 하시는 일의 일부분일 뿐이라고 경탄한다.

『보라 이런 것들은 그의 행사의 단편일 뿐이요 우리가 그에게서 들은 것도 속삭이는 소리일 뿐이니 그의 큰 능력의 우렛소리를 누가 능히 헤아리랴』(욥기 26:14)

즉 우리가 아는 지식은 단편적인 수준에 불과하다는 겸비한 신앙고백이다.

다시 말해 우리가 아는 지식수준은 아주 희미한 것에 불과하다는 경이로움의 노래다.

사도 바울도 고린도전서 13장에서 우리의 지식 상태를 아주 적나라하게 규명해준다.

우리는 부분적인 단편만 알고 있을 뿐이다. 어린아이 수준이다. 희미하게 아는 정도다.

그러므로 우리는 괜히 아는 체 하지 말고, 함부로 까불지 말자는 것이다.

잠언 3장 7절은 이렇게 경고한다.

『스스로 지혜롭다고 여기지 말고, 주님을 경외하며 악을 멀리하여라.』


인류역사상 최고의 천재 과학자였던 아인슈타인은 겸손한 자기고백을 이렇게 한다.

그는 강단의 마룻바닥에 둥근 원을 그리면서 감동적으로 설명한다. 이미 알고 있는 지식이 차지하는 부분을 원이라고 하면, 원 밖은 모르는 부분이 된다. 원이 커지면 원의 둘레도 점점 늘어나 접촉할 수 있는 미지의 부분이 더 많아지게 된다.

"지금 저의 원은 여러분들 것보다 커서 제가 접촉한 미지의 부분이 여러분보다 훨씬 더 많아요. 모르는 게 그만큼 더 많아요. 이 모습이 제 지식수준입니다."

과연 아인슈타인다운 자기 고백이다.

우리는 조금씩 알아갈수록 모르는 부분이 더 많아져가는 것이다.

사도 바울은 로마서 11장 33절에서 하나님의 광대 웅려하심에 대하여 이렇게 경탄한다.

『하나님의 부유하심은 어찌 그리 크십니까? 하나님의 지혜와 지식은 어찌 그리 깊고 깊으십니까? 그 어느 누가 하나님의 판단을 헤아려 알 수 있으며, 그 어느 누가 하나님의 길을 더듬어 찾아낼 수 있겠습니까?』

훌륭한 신학자였던 어거스틴이 어느 날 해변 가를 걷다가 성부 성자성령이라는 삼위일체 교리의 불가사의에 대하여 깊이 묵상하였다. 하나님은 한 분이신데 삼위로 계신다는 것을 어떻게 설명하며 이해시킬 수 있을 것인가라는 난제를 고민하고 있었다.

그런데 때마침 어린아이들이 조개껍질로 바닷물을 떠서 옆으로 옮기고 있었다.

어거스틴은 이 광경을 보면서 우리가 하나님의 위대하심과 경이로움에 관해서 갑론을박한다는 것이 마치 조개껍질로 바닷물을 퍼내는 어린아이의 수준임을 깨달은 것이다.

그래서 욥은 28장에서 우리는 피조물의 입장에서 하나님의 광대무변하신 지혜를 알 수 없으니, 하나님을 경외하는 신앙으로 살아가자고 한다.

우리는 하나님의 신묘하고 영묘한 지혜를 터득할 수도 없고,

돈으로 살 수도 없으니 더욱 겸손한 자세로 하나님을 경외하며 사는 신앙인이 되자는 것이다.

그래도 사람들은 은근히 교만하여 쉽게 동의하지 않을 것 같으니까 욥은 26장에서 설명했던 하나님의 광대무변하신 지혜에 경탄을 느껴보자고 다시 한 번 더 호소한다.

28장 23절부터의 내용이다.

『하나님만이 지혜가 있는 곳을 아십니다. 오직 그분만이 땅 끝까지 살피실 수 있으며, 하늘 아래에 있는 모든 것들을 보실 수 있습니다. 더 나아가서 주님께서 저울로 바람의 강약을 달아보시며, 물의 분량을 측량하셔서 비가 내리는 규칙을 세우십니다. 그리고 때에 맞게 천둥번개가 지나가는 길목까지 지시하십니다. 이것이 하나님의 신묘막측한 지혜입니다.』

David Jeremiah는 교만한 인간을 향해 이렇게 경고한다.

우리가 하나님의 위대하심을 어느 정도 안다고 하는 그 순간부터 하나님을 자신의 수준으로 내려뜨리는 것이요, 하나님을 예배하지 않게 되고, 결국 신성을 모독하게 된다.

따라서 하나님은 우리의 이성적 이해를 뛰어넘는 분이심을 경탄할 수 있어야 한다.

그러므로 우리는 하나님의 경이로우심에 머리를 숙이고, 오직 믿음으로 살아야 한다.

이것이 욥기 28장 28절의 멋진 결론이다.

『하나님을 경외하는 것이 지혜요, 악을 멀리하는 것이 슬기다.』

즉 지식이 먼저가 아니라, 신앙이 먼저다. 우리가 하나님을 알아간다는 것은 곧 하나님을 향한 경외심으로 더욱 가득 채워지는 것을 말한다.

그러므로 우리는 어떤 부분적인 현상에 대하여 섣부른 지식으로 갑론을박하지 말고, 더욱 더 하나님만을 신뢰하고 경외하며 살자는 지혜자의 신앙고백이다.

한 마디로 우리는 크고 작은 것들을 깨달아갈수록 더욱 하나님을 경외하고 예배하게 된다.


최근 2천년대 들어서서 게놈 프로젝트의 총책을 맡은 프란시스 콜린스라는 과학자는 실험실에서 인간의 유전자 지도를 연구하다가 하나님의 위대하심을 깨닫고 거듭났다. 인간의 세포조직을 신비롭게 만드신 하나님의 경이로우심에 감탄하여 펑펑 울면서 거듭난 것이다.

그러면 우리가 어떻게 해야 하나님을 더욱 경외하며 살 수 있을까?

이사야 선지자는 명쾌한 해답을 준다.

우리가 지혜의 성령으로 충만할수록 우리는 하나님을 경배하며 사는 신앙적 지식인이 된다는 것이다.

『주님의 영이 그에게 내려오신다. 지혜와 총명의 영, 모략과 권능의
영, 지식과 주님을 경외하게 하는 영이 그에게 내려오시니, 그는 주

님을 경외하는 것을 즐거움으로 삼는다.』(이사야 11:2~3)

기독교 신앙의 본질이 바로 여기에 있다. 지성과 영성은 별개가 아니라, 하나다.

이것이 욥기의 수준 높은 메시지다. 욥기의 메시지는 우리를 또 다른 영적 성장의 정상으로 데리고 올라간다. 우리를 더 행복한 신앙의 봉우리로 올라서게 한다.

우리가 지혜의 성령으로 충만할수록 우리는 하나님의 뜻을 정확히 모르는 상태에서도 혼돈 속에 살지 않고, 오히려 하나님을 경외하는 즐거움으로 살아간다. 우리가 성령의 도우심을 받을수록 우리는 미지의 현실에서도 행복한 신앙으로 살 수 있다.

우리가 아는 것이 어차피 일부분이요, 단편적이며, 희미한 것이라면 우리는 더욱 하나님을 경외하며 살아야 한다.

그래서 하나님의 위대하심을 경탄하는 신앙적 지식인으로 살아가자는 것이다.

 잠깐 생각하기

1. 하나님에 대한 지식이 부요해질수록 어떤 마음을 가지게 됩니까?
2. 지금껏 짧은 지식으로 하나님의 섭리를 평가하려는 우를 범하지 않았습니까?
3. 욥처럼 하나님을 경외하며 사는 것이 가장 큰 지혜임을 인정합니까?
4. 지성과 영성이 별개가 아닌, 하나라는 사실을 기억해 봅시다.

# 마지막 시험을 통과한 우승자

여호와께서 또 욥에게 일러 말씀하시되 트집 잡는 자가 전능자와 다투겠느냐 하나님을 탓하는 자는 대답할지니라 욥이 여호와께 대답하여 이르되 보소서 나는 비천하오니 무엇이라 주께 대답하리이까 손으로 내 입을 가릴 뿐이로소이다 내가 한 번 말하였사온즉 다시는 더 대답하지 아니하겠나이다 그 때에 여호와께서 폭풍우 가운데에서 욥에게 일러 말씀하시되 너는 대장부처럼 허리를 묶고 내가 네게 묻겠으니 내게 대답할지니라

"여호와께서 또 욥에게 일러 말씀하시되 트집 잡는 자가 전능자와 다투겠느냐 하나님을 탓하는 자는 대답할지니라 욥이 여호와께 대답하여 이르되 보소서 나는 비천하오니 무엇이라 주께 대답하리이까 손으로 내 입을 가릴 뿐이로소이다 내가 한 번 말하였사온즉 다시는 더 대답하지 아니하겠나이다 그 때에 여호와께서 폭풍우 가운데에서 욥에게 일러 말씀하시되 너는 대장부처럼 허리를 묶고 내가 네게 묻겠으니 내게 대답할지니라"(욥기 40:1~7)

"욥이 여호와께 대답하여 이르되 주께서는 못 하실 일이 없사오며 무슨 계획이든지 못 이루실 것이 없는 줄 아오니 무지한 말로 이치를 가리는 자가 누구니이까 나는 깨닫지도 못한 일을 말하였고 스스로 알 수도 없고 헤아리기도 어려운 일을 말하였나이다 내가 말하겠사오니 주는 들으시고 내가 주께 묻겠사오니 주여 내게 알게 하옵소서 내가 주께 대하여 귀로 듣기만 하였사오나 이제는 눈으로 주를 뵈옵나이다 그러므로 내가 스스로 거두어들이고 티끌과 재 가운데에서 회개하나이다"(욥기 42:1~6)

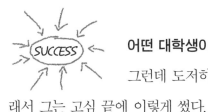 **어떤 대학생이 학기말 시험을 치렀다.**

그런데 도저히 알 수 없는 문제가 나왔다. 그래서 그는 고심 끝에 이렇게 썼다.

"이 질문에 대한 대답은 하나님만이 아십니다. Merry Christmas!"

답안지를 채점하던 교수님은 학생의 기발한 아이디어에 감동을 받고 이렇게 점수를 주었다.

"하나님 100점, 학생 0점, Happy New Year!"

어쩌면 이것이 욥기의 역설적 메시지다. 하나님의 융단폭격 같은 질문에 욥은 아무것도 모른다고 겸손하게 대답하고 있다. 그런데 '하나님도 100점, 수험생 욥도 100점이다.'

욥은 하나님의 final test 질문에 단 한 마디도 대답하지 못했는데도 만점으로 합격한 것이다.

본문의 이야기는 이렇다.

드디어 욥을 찾아오신 하나님은 욥의 기대와는 전혀 다르게 엄청난 질문으로 욥을 몰아붙이신다.

38장부터 계속 이어지는 줄거리이다.

얼마나 심오하고 수준 높은 질문을 하시는지 하나님은 욥에게 71개의 질문을 던지신다. 융단폭격처럼 몰아붙이신다.

『욥아, 너는 내가 우주를 창조할 때 그 현장에 있었느냐? 우주형성
의 과정을 아느냐? 은하계가 얼마나 되는지 아느냐? 바다의 특성,
동물의 세계, 조류의 세계를 얼마나 안다고 생각하느냐?』

특히 38장 22절을 보면, 고대 근동지방에도 서빙고와 동빙고 가 있다는 것을 아느냐고 물으신다.


어느 학자의 분석처럼 하나님은 욥에게 굉장한 질문을 하신다. 즉 역사학, 해양학, 기상학, 천문학, 동물학 전반을 질문하신 것이 다.

"욥아, 너, 매우 똑똑한 것 같은데, 그 정도 지식을 가지고 교만 떨면 안 된다"는 충고다.

네가 지식적으로 친구들을 이겼다고 자만하거나, 오만에 빠져 서는 안 된다는 사랑의 경고다.

하나님은 이미 엘리후라는 마지막 친구를 통하여 욥으로 하여 금 교만하지 않도록 마음열기를 준비시켜 놓으셨다. 욥기 32장부 터 37장의 메시지다.

그래서 하나님은 욥으로 하여금 더욱 겸비한 대인이 되게 하시

려고 하나님 자신의 지식수준을 욥에게 맛보기로 보여주신다.

하나님은 욥을 아주 대단한 인물이 되게 하시려고 그를 데리고 시공을 초월하는 가상적 우주 여행을 시켜주신 것이다.

그러면서 욥으로 하여금 더 큰 복 받을 그릇으로 빚어주신다. 명품 인생이 되게 하신다.

마치 학교 선생님이 성적이 우수한 학생일수록 더 높은 진보와 향상을 요구하듯이 더 좋은 점수를 얻으라고 채근한다. 그만큼 수준을 높여주고 싶어서이다.


나는 오늘도 큰 사람 만드시는 하나님을 믿는다.

하나님은 우리가 작품이 되기를 원하신다. 그래서 때로는 힘든 고난과 시련으로 훈련하신다.

신명기 8장에서 보는것 처럼 마치 독수리가 자기 새끼를 하늘의 왕자로 만들려고 훈련하는 것과 같다.

혹시 다른 사람보다 더 힘들고 혹독한 연단을 받고 있는 분이 있는가?

당신을 향한 하나님의 기대치가 높고 크기 때문이다.

왜 내 인생은 남달리 힘들까?

하나님의 관점으로 해석해보자.


히브리서 12장 6절은 이렇게 격려하며 더 큰 확신을 품게 한다. 『하나님은 사랑하는 자를 연단하신다.』

당신을 향한 하나님의 기대치가 높기에 때때로 당신으로 하여금 어두운 밤을 통과케 하신다.

꽃은 아침에 피기위해 깊은 밤을 통과한다. 아름다운 봉우리가 이슬을 머금고 입을 벌려 피어나기 위해서는 어두운 밤 동안 차가운 공기를 견뎌내야 한다. 밤이 없다면 꽃은 피지 못할 것이다.

**우리 주변에 있는 신앙이 훌륭한 분들일수록 영혼의 어두운 밤을 통과한 사람들이다.**

하나님은 욥의 수준을 우리가 예측한 그 이상으로 높여주시려고 마지막 시험을 치르신다.

오늘 우리가 읽은 욥기 38장부터 42장의 내용은 욥의 마지막 시험, final test이다.

그런데 하나님을 만나기만 하면 모든 것을 꼬치꼬치 따지려고 벼르던 욥은 뜻밖의 질문공세에 어안이 벙벙해진다. 한 마디도 대답하지 못한다.

그러다가 욥은 하나님께서 질문하시는 의도를 곧바로 깨닫는다.

욥은 자기를 최고의 신자로 만들어주시는 하나님의 마지막 시험에 매우 멋진 답안지를 제출한다.

이것이 욥으로 하여금 행복한 우승자가 되게 해준 것이다. 문자 답안이 아닌, 가슴의 답안이다.

오늘 우리도 어떻게 반응하면 하나님의 마지막 시험을 통과하는 우승자가 될 수 있을까?

# 1. 겸손하게 살아야 한다.

하나님이 욥에게 71가지나 되는 광대무변한 지식적 질문을 했을 때, 욥은 얼른 하나님의 깊은 뜻을 깨닫는다. 그래서 그동안 혼돈상태에 빠졌던 자신의 내면세계 질서를 회복한다.

그것이 곧 겸손이다.

40장 4절에서 욥은 이렇게 고백한다.

『저는 정말, 무가치한 사람입니다. 제가 무슨 대답을 하겠습니까? 단지 입을 가릴 뿐입니다.』

여기 "저는 무가치한 사람입니다."라는 말은 무게가 가볍다, 경박하다는 뜻이다. 욥은 자기가 은근히 교만하여 경거망동하였음을 자성한 것이다.

욥은 하나님께서 왜 자기에게 고난과 시련을 주셨는지 본질적으로 깨닫는다. 그것은 곧 자기를 겸손하게 하여 더 큰 은혜를 주시려는 하나님의 복된 섭리였음을 인지한 것이다.

사실 욥은 자기 의가 강했다. 어떤 의미에서는 신앙적 도덕주의자로 살았다.

그래서 그는 자신의 내면적 교만을 꺾고, 막으시려고 잠시 고난의 테스트를 하신 것을 깨달은 것이다.

그렇다. 겸손을 깨닫는 순간부터 모든 것이 달라진다. 낮아질 때 축복이 임한다. 물이 위에서 아래로 흐르듯이 하나님의 은혜도 겸손한 자에게 내려온다.

나는 고통이 주는 유익 두 가지를 간단하게 정의한다.

**첫째**, 교만을 꺾으려고 고난을 주신다.

**둘째**, 교만을 막으려고 고난을 주신다.

하나님은 우리가 자신도 모르는 사이에 자만해 질 수 있기 때문에 고난이라는 매체로 교만을 꺾으시든지, 막아주신다.

어떤 작가가 말하듯이, 고통만이 인간이 짐승처럼 추해지는 것을 막아줄 수 있다.

사도 바울은 자신의 출신 성분과 학력, 지식수준, 실력 때문에 교만해질 수 있어서 하나님께서 고난이라는 가시의 은혜를 주셨다고 간증한다.

『여러 계시를 받은 것이 지극히 크므로 너무 자만하지 않게 하시려고 내 육체에 가시 곧 사탄의 사자를 주셨으니 이는 나를 쳐서 너무 자만하지 않게 하려 하심이라』(고린도후서 12:7)

오늘도 자신의 약점이나 시련 때문에 교만하지 않고 겸허한 태도로 산다면 당신은 하나님의 마지막 시험을 패스하는 자가 되는 것이다.

## 2. 수용하며 살아야 한다.

욥은 그동안 하나님을 향해 볼멘소리로 수없이 많은 불평을 해왔다. 원망도 많이 했다. 그래서 하나님을 직접 만나 뵙고 따지겠다고 벼르며 호언장담해왔다.

그런데 욥은 하나님을 만나는 순간 자기가 얼마나 경거망동한 자였는지 깊이 깨닫는다. 그는 하나님의 질문을 받는 순간 자기 손으로 입을 가린다. 그리고 더 이상 할 말이 없다고 고백한다.

『보소서 나는 비천하오니 무엇이라 주께 대답하리이까 손으로 내 입을 가릴 뿐이로소이다 내가 한 번 말하였사온즉 다시는 더 대답하지 아니하겠나이다』(욥기 40:4~5)

욥은 하나님의 final test에 대하여 두 가지 정답을 제출한다.

첫째는 침묵(silence), 둘째는 수용(submission)이다.

그는 이성과 이해의 수준을 뛰어넘어 하나님의 뜻을 무조건 받아들이며 살겠다고 고백한다. 그러면서 하나님만이 모든 것의 주관자이시고, 복된 섭리자이심을 확실하게 믿는다고 고백한다. 욥은 하나님의 지혜, 능력, 섭리적 돌보심을 새로운 차원으로 깨달은 것이다.

즉 더 이상 이론적 신앙으로 살지 않고, 하나님이 주시는 것이라면 아무리 힘들고 아픈 것이라도 모두 다 수용하며 살겠다고 천명한다. 그야말로 왜 나에게, why me에서 해방된다.


욥은 그동안 자기주장이 강했음을 회개한다.

그야말로 「백기 투항」을 한다.

이처럼 그는 하나님의 절대주권과 복된 섭리를 무조건 수용하며 살겠다고 항복한 것이다.

1. 하나님의 목적이 진행 중이니, 내가 그것을 방해할 수 없다.
2. 하나님의 계획은 신비로우니, 내가 그것을 이해할 수 없다.
3. 하나님의 길은 최선의 길이므로, 나는 그것을 기꺼이 수용하며 살겠다.

오늘날 우리는 너무나 취사 선택적 신앙생활을 한다.

때로는 하나님을 자기 입맛에 맞게 주문생산 창구로 여겨 좋은 것만 골라서 취하려고 한다.

그러나 하나님은 자신이 주는 모든 것을 다 받아들이는 성숙한 신자가 되라고 요구하신다.

이것이 욥기의 결론적 메시지이다. 하나님의 뜻을 기꺼이 수용하고 받아들이는 신앙이다.

A. B. 심프슨은 우리가 주님의 뜻과 그분만을 수용하며 사는 성숙한 신앙을 이렇게 노래한다.

이전에는 축복을 원했으나,
이제는 주님을 원하고 있다네.
이전에 느꼈던 감격스러움을
이제는 주님의 말씀에서 느낀다네.
이전에는 주님의 선물을 바랐으나,

이제는 주님 자신을 원한다네.

이전에는 치유 받기를 원했으나,

이제는 오직 주님뿐이라네.


이전에는 그것이 나의 일이었으나,

지금부터는 주님의 일이 될 것이네.

이전에는 내가 주님을 이용했으나,

이제는 주님이 나를 이용하시네.

이전에는 주님의 능력을 원했으나,

이제는 오직 전능자 자신이라네.

이전에는 나만을 위해 수고했으나,

이제는 오직 주님만을 위하여 일한다네.


주님은 영원히 나의 가장 소중한 자가 되심을,

나는 주님을 찬양하노니.

예수 안에 나의 모든 것이 있었으나,

이제는 예수가 나의 모든 것이라네.


오늘 우리도 모든 것을 하나님의 뜻으로 수용하는 신앙으로 성숙해야 행복한 우승자가 된다.

# 3. 새 마음으로(새롭게 도약하며) 살아야 한다.

욥은 하나님을 알현한 후에 그 분의 깊은 뜻을 빨리 깨닫고 자신의 입장을 신속하게 궤도 수정한다.

그래서 42장 6절에서 『제가 스스로 회개합니다.』라고 표현한다.

여기서 사용하는 회개라는 단어는 히브리어로 '니함'인데, 그동안 걸어온 길을 버리고 새로운 길을 선택한다는 뜻이다. 즉 단순한 후회를 의미하기보다, 새로운 방향으로 선회한다는 뜻이다.

욥은 그동안 고집 부렸던 자기주장을 철회하고, 하나님께서 이끄시는 대로 따르겠다는 새 마음을 표명한다. 새로운 영성으로 도약하겠다고 다짐한다.

이것이 그가 하나님의 final test를 우수한 성적으로 패스한 요인이다.

사실 지금 욥의 상황은 조금도 변하지 않았다. 그는 여전히 파산자였고, 가족도 없고, 온 몸이 만신창이가 된 최악의 상태다. 달라진 게 하나도 없다. 피골상접한 상태 그대로이다.

그런데도 욥은 지금의 형편과 상관없이 새로운 마음으로 살아갈 것이라고 선언한다.


이것은 대단한 신앙이다. 우리는 무엇인가 이루어지고, 직장에서 승진하고, 사업이 번창하고, 건강이 회복되고, 경제적으로 안정권에 들어서야 헌신하겠다고 흥정하는 신앙생활을 한다.

그러나 욥은 백기를 들고 항복한 군인처럼 오직 하나님만을 전적으로 신뢰하는 새로운 영성으로 살겠다고 한다.

오스왈드 챔버스는 "고난을 선택하는 것은 아무 의미가 없고, 고난의 와중에서 하나님의 뜻을 선택하는 것만이 의미가 있다." 고 말한다.

이것이 바로 하나님의 마지막 시험에 합격한 욥의 훌륭한 신앙이다. 욥은 자기 의, 자기주장을 완전히 버린 백의종군 신자이다. 그야말로 하나님께 전적으로 복종(surrender)한 것이다.


우리가 잘 아는 송명희 시인은 소아마비 장애자로 고통스런 삶을 살면서도 일평생 밝고 명랑하게 살고 있다.

그가 쓴 여러 시 가운데 참 감동적인 시 하나를 소개한다.


「어두움 가운데 살아도」


어두움 가운데 살아도 내가 어둡지 아니 하네

어두움 가운데 살아도 내가 어둡지 아니한 것은

내 마음에 빛이 있음이라

내 마음에 빛 된 예수 그리스도 그가 내 안에 계시니라.

괴로움 가운데 있으나 내가 괴롭지 아니 하네

괴로움 가운데 있으나 내가 괴롭지 아니한 것은

내 마음에 기쁨이 있음이라

내 마음의 기쁨 예수 그리스도 그가 내 안에 계시니라.


사망의 그늘이 있으나 내가 숨기지 아니 하네

사망의 그늘이 있으나 내가 숨기지 아니한 것은

내 마음에 생명이 있음이라

내 마음의 생명 예수 그리스도 그가 내 안에 계시니라.


우리는 그 동안 욥기에서 보여주는 영적 성장의 여러 봉우리들을 한 단계씩 넘어왔다. 이제 마지막 봉우리를 넘고 있는 것이다. 하나님의 final test를 패스하고 있는 것이다.

우리도 욥처럼 자기 의를 버리고 겸손해지며, 오직 하나님의 뜻과 주권을 무조건 수용하며 살아야 한다. 사실 우리가 잘 모르니까 하나님의 섭리를 수용하며 살아야 한다.

그리고 어떤 어두운 현실에도 새로운 마음으로 도약한다면 우리는 행복한 우승자가 될 수 있다.

 잠깐 생각하기

1. 고난의 과정이 깊을수록 당신에게 어떤 인생이 약속됩니까?
2. 지난 날 고난의 과정에서 얻은 유익들을 기록해 봅시다.
3. 현재 당신의 답안지에는 어떤 답이 기록되어있습니까?
4. 지금의 형편과 상관없이 사람이 바뀌면 환경도 바뀐다는 확신이 있습니까?

# 영광스런 회복과
# 새로운 드라마 인생

**14**

여호와께서 욥을 기쁘게 받으셨더라 욥이 그의 친구들을 위하여 기도할 때 여호와께서 욥의 곤경을 돌이키시고 여호와께서 욥에게 이전 모든 소유보다 갑절이나 주신지라 이에 그의 모든 형제와 자매와 이전에 알던 이들이 다 와서 그의 집에서 그와 함께 음식을 먹고 여호와께서 그에게 내리신 모든 재앙에 관하여 그를 위하여 슬퍼하며 위로하고 각각 케쉬타 하나씩과 금고리 하나씩을 주었더라

"여호와께서 욥에게 이 말씀을 하신 후에 여호와께서 데만 사람 엘리바스에게 이르시되 내가 너와 네 두 친구에게 노하나니 이는 너희가 나를 가리켜 말한 것이 내 종 욥의 말 같이 옳지 못함이니라 그런즉 너희는 수소 일곱과 숫양 일곱을 가지고 내 종 욥에게 가서 너희를 위하여 번제를 드리라 내 종 욥이 너희를 위하여 기도할 것인즉 내가 그를 기쁘게 받으리니 너희가 우매한 만큼 너희에게 갚지 아니하리라 이는 너희가 나를 가리켜 말한 것이 내 종 욥의 말 같이 옳지 못함이라 이에 데만 사람 엘리바스와 수아 사람 빌닷과 나아마 사람 소발이 가서 여호와께서 자기들에게 명령하신 대로 행하니라 여호와께서 욥을 기쁘게 받으셨더라 욥이 그의 친구들을 위하여 기도할 때 여호와께서 욥의 곤경을 돌이키시고 여호와께서 욥에게 이전 모든 소유보다 갑절이나 주신지라 이에 그의 모든 형제와 자매와 이전에 알던 이들이 다 와서 그의 집에서 그와 함께 음식을 먹고 여호와께서 그에게 내리신 모든 재앙에 관하여 그를 위하여 슬퍼하며 위로하고 각각 케쉬타 하나씩과 금 고리 하나씩을 주었더라 여호와께서 욥의 말년에 욥에게 처음보다 더 복을 주시니 그가 양 만 사천과 낙타 육천과 소 천 겨리와 암나귀 천을 두었고 또 아들 일곱과 딸 셋을 두었으며 그가 첫째 딸은 여미마라 이름하였고 둘째 딸은 긋시아라 이름하였고 셋째 딸은 게렌합북이라 이름하였으니 모든 땅에서 욥의 딸들처럼 아리따운 여자가 없었더라 그들의 아버지가 그들에게 그들의 오라비들처럼 기업을 주었더라 그 후에 욥이 백사십 년을 살며 아들과 손자 사 대를 보았고 욥이 늙어 나이가 차서 죽었더라" (욥기 42:7~17)

## 소련의 소비에트 연방 체제가...

무너졌을 때를 기점으로 소련지역에 포로로 끌려 갔던 많은 유대인들이 신속하게 재산을 정리하여 고국 이스라엘로 돌아갔다. 그래서 이스라엘 경제에 큰 이바지를 하고 있다. 그들은 거의 70여 년 동안 남의 나라에서 힘든 나그네 생활을 하였으나, 다시 고국으로 돌아갈 때는 상당히 많은 사람들이 큰 갑부가 되어 금의환향하였다.

지금도 이스라엘 민족은 그들이 당한 고난보다 훨씬 더 잘 풀리고 회복된 삶을 살고 있다.

오늘 욥기 42장 10절에서 사용하는 단어가 바로 이것이다.

『여호와께서 욥의 곤경을 돌이키시고, 여호와께서 욥에게 이전 모든 소유보다 갑절이나 주신지라.』

여기 「곤경을 회복해주셨다」는 말은 어떤 사람이 외국에 포로로 끌려갔다가 훨씬 더 좋은 상태가 되어 다시 돌아오는 것을 말한다. 구약성경 룻기의 주인공 나오미처럼 훨씬 더 낫게 전화위복 된다는 뜻이다.


이것이 욥기의 주제다.

욥기는 회복과 새창조의 하나님을 소개한다. 잃어버린 것보다 더 나은 것으로 갚아주시는 하나님의 은혜가 중심주제다.

『더 나은 회복이다.』

그래서 욥기 37장까지는 능력의 하나님, 엘샤다이 하나님이라는 이름으로 소개되고, 38장부터는 은혜와 사랑의 하나님, 여호와라는 이름으로 새롭게 등장한다.

이처럼 우리에게 찾아오시는 하나님은 모든 것을 사랑과 은혜로 더 좋게 전화위복시켜 주신다.

욥기에서 우리에게 소개하는 하나님은 공의와 심판의 하나님보다, 사랑과 은혜의 하나님이시다.

욥은 하나님을 인과응보로 심판하시는 분이 아닌, 자비와 사랑으로 치유해주시고 회복해주시는 주님으로 소개한다.


프레드릭 파버는 이렇게 노래한다.

"하나님의 자비는 바다처럼 넓구나.

정의 안에 긍휼이 있나니

자유가 넘치는구나."

우리가 믿는 하나님은 인과응보식으로 심판하는 대신, 사랑과 긍휼로 은총을 베풀어주신다.

그래서 욥기 1장 3절에서 언급하는 욥의 처음 재산 목록보다, 욥이 회복하여 얻은 재산 목록은 두 배가 된다.

『여호와께서 욥의 말년에 욥에게 처음보다 더 복을 주시니 그가 양 만 사천과 낙타 육천과 소 천 겨리와 암나귀 천을 두었고』(욥기 42:12)

오늘도 하나님은 우리가 고생한 것보다 더 좋은 것으로 보상해주시고, 더 크고 많게 회복해주신다.

욥은 잃어버린 재산뿐만 아니라, 자신의 건강과 명예, 그리고 영성을 최고수준으로 회복한다.

그는 또한 70세에 다시 회복하여 140년을 더 살면서, 자손 4대까지 보며 행복인생을 만회한다.

이처럼 욥은 영광스럽게 회복된 새로운 드라마인생을 살아간 것이다.


오늘 우리도 그 어떤 인생의 곤경에서도 깔끔하게 해방될 줄 믿기를 바란다. 그 동안 우리를 힘들게 억눌렀거나 속박했던 심신의 곤경에서 풀려날 줄 믿기를 바란다.

그러면 욥이 어떻게 환난의 잿더미에서 일어나 행복한 우승자가 될 수 있었을까?

신약성경 야고보서 5장 11절에서는 간단명료하게 설명해준다. 『보십시오. 우리가 인내하는 사람을 복되다고 말합니다. 여러분이 욥의 인내를 들었고, 주께서 주신 결과를 보았습니다. 주는 자비와 긍휼이 많은 분이십니다.』

욥은 갑작스럽게 찾아온 인생의 시련과 고통을 그냥 참아낸 것이 아니라(patience), 꿋꿋한 믿음으로 잘 견디어냈음(endurance)을 부각시키고 있다.

그는 인생의 어두운 밤에도 하나님의 복된 섭리를 믿고 끝까지 견디어낸 것이다.

이전 장에서 말한것 처럼 그는 마지막 시험도 우수한 성적으로 통과하여 결승선(end-zone)까지 도달한 것이다. 주님은 이렇게 칭찬하셨을 것이다.

"욥아, 너는 드디어 end-zone, 결승선까지 온 거야. 너는 이제 결말을 보는 승리자가 되었어."

오늘 우리도 욥처럼 모든 것이 처음보다 훨씬 더 낫게 회복되는 최종 승리자가 될 줄 믿는다.

우리는 욥기 전체에서 하나님의 복된 섭리와 사람의 견딤을 교차적으로 살펴보았다. 그리고 아름다운 결말을 확인하고 있다.

욥의 인내에 대한 하나님의 놀라운 보상이다.

Adelaide Procter라는 여성 시인은 이렇게 아름답게 묘사한다.

나는

네가 차지하고 있는 금목걸이의 광채를 보며

사랑을 품고 있는 네 마음의 조용한 힘을 보며

네가 견뎌야했던 불이 어떠했음을 아노라.

너 진실한 마음이여 영원히 고동치라.

너 찬란히 빛나는 금목걸이여 영원히 빛나라.

그리고 정결케 하는 불을 감사하고

뼈아픈 고통의 용광로를 감사하게 생각하라.


이처럼 우리가 고난의 질곡을 잘 통과할수록 갑절의 보상과 최상의 은총이 주어준다.

히브리서 10장 35절 이하에서는 이렇게 격려한다.

『그러므로 여러분은 담대함을 버리지 마십시오. 이는 그 담대함이 큰 상을 가져올 것이기 때문입니다. 여러분이 하나님의 뜻을 행한 후에 약속을 받기위해서는 인내가 필요합니다.』


현대인들이야말로 하나님의 복된 섭리를 믿고 끝까지 참고 견디는 신앙을 체질화시켜야 한다. 우리는 너무나 성급하고 조급하다. 그래서 잘 견디지 못한다.

그러기에 하나님은 복되게 섭리하시는 주님만을 전적으로 신뢰하는 자가 되라고 요구하신다.

이것이 욥기의 메시지다.

연단된 믿음, 이것이 승리의 비결이다.


다이아몬드의 진가를 식별하는 법이 간단하다고 한다. 다이아몬드를 물속에 넣어보면, 품질이 떨어질수록 빛이 흐려지고, 진품일수록 물속에서도 반짝반짝 빛이 난다고 한다. 그만큼 많이 깎이고 다듬어진 제품일수록 물속에서도 아름답게 빛나는 것이다.

이것이 고난과 시련을 잘 패스한 그리스도인의 매력이다.

어두운 밤을 잘 통과한 사람일수록 영성이 빛난다.

수많은 악전고투를 이겨낸 장군의 앞가슴에 붙어있는 빛나는 훈장과 같다.

그런데 욥기의 메시지는 일차원적 해피엔딩이 아니다.

욥이 잃어버린 재산과 건강을 회복하여 잘 먹고 잘 살았다는 그 정도의 메시지라면 군이 이렇게 길게 수록할 필요가 없다.

욥기의 메시지는 우리를 최고의 정상으로 올려다 준다.

그것은 곧 우리로 하여금 사랑의 유통자, 축복의 유통자, 은혜의 유통자로 살아가라는 수준 높은 방향제시를 하고 있다.

당신이 인생의 혹독한 고난과 시련을 통과한 승리자라면 자기 자신만을 위해서 살지 말고, 더 깊고 넓은 가슴으로 다른 사람을 위해 사는 자가 되라는 고등윤리를 가르쳐준다.


당신이 인생의 모진 시련과 역경을 딛고 일어선 승리자가 되었다면 이제부터 새로운 드라마를 써내려가는 수준 높은 삶을 살아가라는 메시지이다.

이것이 욥기 메시지의 피날레다.

그래서 욥기 1장 서론과 42장 결론은 매우 멋진 그림을 연상케 한다.

욥기 1장에서는 욥이 자기 가족을 위해 축복기도를 드리는 경건한 제사장으로 등장한다.

그리고 42장에서는 친구들과 이웃들을 위해 축복기도를 해주는 큰 제사장으로 도약한다.

이것이 욥기 마지막 장에서 제시하는 횡간의 메시지이다.

하나님은 욥기를 교본으로 오늘 우리에게 어떤 새로운 드라마인생을 요구하는가?

# 1. 사랑의 유통자로 새로운 드라마인생을 살아라.

인생의 혹독한 잿더미에서 일어난 욥은 그동안 자기를 너무너무 힘들게 했던 친구들을 용서하는 사랑의 기도부터 드린다. 과거의 아픔이나 상처, 손해를 따지지 않고 사랑으로 품는다.

욥은 더 이상 논쟁하는 삶을 살지 않고, 가슴으로 사랑하는 새로운 차원의 삶을 살아간다. 그는 순수한 마음으로 조건 없는 사랑의 유통자가 되어 새로운 드라마를 써내려간다.

예수님은 사랑의 유통자로 새롭게 변화된 사람의 축복을 이렇게 말씀하신다.

『그러나 너희는 원수를 사랑하고 잘해주며 돌려받을 생각 말고 빌려주라. 그러면 너희 상이 클 것이고, 너희가 지극히 높으신 분의 아들이 될 것이다. 하나님께서는 은혜를 모르는 사람들과 악한 사람들에게도 인자하시기 때문이다. 너희 아버지께서 자비로우신 것처럼 너희도 자비로운 사람이 되라. 남을 판단하지 말라. 그러면 너희도 판단 받지 않을 것이다. 남을 정죄하지 말라. 그러면 너희도 정죄 받지 않을 것이다. 용서하라. 그러면 너희도 용서받을 것이다. 남에게 주라. 그러면 너희가 받을 것이다. 그것도 많이 꾹꾹 눌러 흔들어서 넘치도록 너희 품에 안겨줄 것이다.』(누가복음 6:35~38)


사랑의 유통자로 산다는 것 자체가 얼마나 매력적이고 고결한가?

유통시키는 만큼 유익하게 돌아온다. 피해자가 먼저 가해자를 찾아가서 사랑으로 끌어안는다면 우리 인생은 새로운 드라마가 쓰일 것이다.

우리가 모든 것을 사랑으로 풀어가는 삶, 이것이 우리가 써내려가야 할 욥기 43장의 이야기이다.

어떤 분이 용서의 효과를 4가지로 정리해준다.

**첫째,** 마음이 편해진다.

**둘째,** 기도의 통로가 열린다.

**셋째,** 인간관계가 회복된다.

**넷째,** 상이 크다.


이것이 사랑의 유통자로 살아가는 자에게 다시 환원되는 새로운 드라마의 행복이다.

우리가 사랑으로 끌어안는 만큼 상이 클 줄 믿기를 바란다.


## 2. 축복의 유통자로 새로운 드라마인생을 살아라.

욥은 이제 더 이상 자신을 위해서 초라하게 기도하지 않는다. 잃어버린 재산을 회수케 해달라고 기도하지도 않는다.

오히려 욥은 모든 것이 회복되자마자 곧바로 일가친지들을 다 초청하여 나눔의 삶을 산다. 그야말로 그는 은혜의 유통자로 새로운 드라마인생을 산다.

우리가 축복의 유통자로 산다는 것!

얼마나 멋진 인생인가!

얼마나 숭고한 신앙인의 모습인가!


최근 경제학 분야 중 마케팅학이 중요한 부문을 차지하고 있다. 그 중에서도 물류학이 매우 큰 비중을 차지한다. 물류란 생산자로부터 소비자에게까지 신속하게 유통시켜주는 것이다.

소위 물류센터는 물품을 모아놓거나 보관하는 장소가 아니라, 필요한 곳으로 신속하게 유통시켜주는 것이 본질이다. 그래서 최초 생산자와 최종 소비자 서로가 최대의 유익을 나누는 것이다.

**우리 그리스도인이 이런 원리로 유통의 삶을 살아야한다. 즉 하나님의 축복을 효율적으로 유통시켜주는 삶을 살아야한다.**

여수 엑스포의 주제는 사람과 자연, 인간과 환경이 서로 유통하며 함께 행복을 누리자는 것이다.

Co-Existence이다.

모든 좋은 것을 함께 유통하는 새로운 미래 드라마를 써내려가자는 것이다.

우리가 욥기 마지막 장에서 절대로 놓치지 말아야할 중요한 핵심교훈이 바로 이것이다.


어떤 신학자의 해석처럼 욥은 네 가지 F가 회복되었다.

**첫째, 우정(Friends)을 회복했다.**

**둘째, 재정(Finances)을 회복했다.**

**셋째, 가정(Family)을 회복했다.**

**넷째, 은혜(Favor)를 회복했다.**

여기서 가장 중요한 것은 네 번째 요소이다.

은혜를 회복한 유통자가 되어야한다.


이미 말씀드린 대로 욥의 회복과 두 배의 축복은 단순한 해피엔딩이라는 일차원적 수준으로 마감하지 않는다.

욥기는 초라한 메시지가 아니다.

욥은 자기를 힘들게 하고, 괴롭혔던 이웃들에 대한 어떤 보복이나 앙갚음을 하지 않는다. 욥은 오히려 모두를 사랑으로 품어주고, 함께 축복을 나누는 삶을 살아간다.

그는 자기에게 회복된 모든 축복이 이웃으로 흘러가게 한다. 이것이 은혜의 유통인생이다.

그래서 하나님은 욥에게 다시 명예로운 호칭을 회복해주신다. 하나님께서 사탄 앞에서도 욥을 자랑스럽게 불러주셨던 바로 그 표현을 42장에서 다시 불러주신다. 본문 7~8절을 보자.

『여호와께서 욥에게 이 말씀을 하신 후에 여호와께서 데만 사람 엘리바스에게 이르시되 내가 너와 네 두 친구에게 노하나니 이는 너희가 나를 가리켜 말한 것이 내 종 욥의 말 같이 옳지 못함이니라 그런즉 너희는 수소 일곱과 숫양 일곱을 가지고 내 종 욥에게 가서 너희를 위하여 번제를 드리라 내 종 욥이 너희를 위하여 기도할 것인즉 내가 그를 기쁘게 받으리니 너희가 우매한 만큼 너희에게 갚지 아니하리라』 (욥 42:7~8)


『내 종 욥 …』

이런 영광스런 호칭도 두 배이다.

1장과 2장에서 두 번 불러주셨는데, 42장에서는 네 번씩이나 명예롭게 불러주신다. 얼마나 감동적인가!

여하튼 욥기는 곱빼기의 복음이다. 모든 것이 다 두 배로 회복되었다. 욥의 인격과 영성도 두 배로 향상 되었다. 그야말로 새로운 드라마 인생으로 도약한다.

그래서 욥은 구약성경에서 예수 그리스도를 가장 잘 보여주는 모형이라고 말한다.

욥은 우리에게 예수 그리스도의 모습을 생생하게 보여준다.

욥기는 십자가와 부활의 복음이다. 욥이 사탄에게 시험을 받은 것도 예수님이 시험받은 것과 흡사하다.

욥이 친구들로부터 정죄를 당한 것도 예수님이 사랑을 베푼 사람들로부터 배신을 당하고 정죄를 받는 것과 비슷하다.


즉 예수님도 욥처럼 원인 없는 고난인생을 사셨다.

선을 베푼 사람들에게 배신을 당하시고, 죄가 없는데도 인과응보의 원리에 따라 벌을 받는 죄수취급을 당하시고, 결국 십자가에서 만신창이가 되셨다.

그런데도 예수님은 부활하여 승리자가 되신 후에 그 어느 누구에게도 보복하지 않으신다. 오히려 사랑으로 용서하시고, 더 큰 은혜로 축복해주신다.

이것이 우리가 써내려가야 할 인생의 새로운 드라마다.

우리가 고생한 만큼 다른 사람들을 시집살이시킬 것이 아니다. 우리가 손해 본만큼 보상을 요구할 것도 아니다. 우리가 상처받은 만큼 보복할 것도 아니다.

우리는 영광스러운 회복으로 승리자가 되어 더 큰 사랑으로 끌어안고 축복하며 산다면 우리는 욥기 43장을 써내려가는 새로운 드라마 인생이 될 것이다.

우리가 이처럼 사랑의 유통자, 축복의 유통자로 살아간다면 얼마나 멋있을까…

욥이나 예수님처럼!

 잠깐 생각하기

1. 당신은 일차원적 해피엔딩이 아닌 어떤 축복의 사람이 되어야합니까?
2. 당신이 축복의 유통자가 되기 위해 어떤 마음가짐을 버려야합니까?
3. 당신이 속한 곳에서 'Co-Existence(공생공존)'할 수 있는 방법들을 생각해 봅시다.
4. 당신이 받은 복 중에 가장 세상에 전달해 주고 싶은 것이 무엇입니까?

# 가슴을 터치해주는 사람

부스 사람 바라겔의 아들 엘리후가 대답하여 이르되 나는 연소하고 당신들은 연로하므로 뒷전에서 나의 의견을 감히 내놓지 못하였노라 내가 말하기를 나이가 많은 자가 말할 것이요 연륜이 많은 자가 지혜를 가르칠 것이라 하였노라 그러나 사람의 속에는 영이 있고 전능자의 숨결이 사람에게 깨달음을 주시나니 어른이라고 지혜롭거나 노인이라고 정의를 깨닫는 것이 아니니라 그러므로 내가 말하노니 내 말을 들으라 나도 내 의견을 말하리라

에필
로그

"부스 사람 바라겔의 아들 엘리후가 대답하여 이르되 나는 연소하고 당신들은 연로하므로 뒷전에서 나의 의견을 감히 내놓지 못하였노라 내가 말하기를 나이가 많은 자가 말할 것이요 연륜이 많은 자가 지혜를 가르칠 것이라 하였노라 그러나 사람의 속에는 영이 있고 전능자의 숨결이 사람에게 깨달음을 주시나니 어른이라고 지혜롭거나 노인이라고 정의를 깨닫는 것이 아니니라 그러므로 내가 말하노니 내 말을 들으라 나도 내 의견을 말하리라"(욥기 32:6-10)

 ### 금세기 미래학의 대가라고 할 수 있는...

John Naisbitt는 「Megatrend」라는 책에서 향후 미래 사회를 결정지을 거대한 주류를 다음의 열 가지로 예견해준다.

① 근세기 산업사회는 이미 정보화 사회로 나가고 있다.

② 양자 택일의 사회로부터 자유로운 다종 선택의 사회로 전환한다. (창고형 대형 마켓의 대중화)

③ 국가적인 단일경제에서 세계경제로 전환한다. (글로벌 사회의 다국적 기업으로 전환)

④ 단기전망의 사회에서 장기전망의 사회구조로 재편된다.

⑤ 중앙집권에서 지방분권 조직으로 개혁되어 나간다. (지방자치제와 소수민족 부족주의 국가형성)

⑥ 조직사회에서 벗어나 자립적인 생활을 영위해 나간다. (전문

점, 전문병원, 전문기관 선호)

⑦ 대의 민주주의 정치구조에서 참여 민주주의로 전환한다. (구경에서 참여자로)

⑧ 피라밋형 구조에서 수평 네트워크 시스템으로 발전한다. (개미 구조에서 거미 시스템으로)

⑨ 공업도시를 떠나 전원도시에로의 지역적 대이동이 일어난다.

⑩ 미래 흐름은 하이테크와 하이터치라는 두 방향으로 동시에 흐른다.


특히 21세기 하이 테크놀로지 시대에 살고 있는 현대인들에게는 그 어느 것보다도 사랑의 하이터치가 필요하다.

21세기는 메탈 문명에서 멘탈 문화로, fact 시대에서 felt 시대로 정화되어 가고 있다.

현대인들은 멍들고 찢어진 가슴을 치유해주는 사람을 필요로 한다.

여기에 그런 사람이 등장한다. 욥기에 등장하는 제 4의 인물이라고 할 수 있는 엘리후이다.

그가 출현함으로 욥기의 전환은 32장부터 새롭게 이루어진다.

엘리후는 그 동안 친구들한테 너무나 가혹한 공격과 상처를 받아 마음이 꽁꽁 닫힌 욥의 마음열기 작업을 성공시킨 훌륭한 상담자이다. 욥의 차가운 가슴을 따뜻하게 치유해준 상담자다.

그는 상대방의 마음을 깊이 헤아려 이해해주고, 영혼을 어루만 져주는 가슴의 사람이다.

우리가 그동안 살펴본 대로 욥의 친구들은 거침없는 하이 킥으로 언어폭력을 일삼아왔다.

그래서 욥은 더욱 악바리가 되어 있었는데, 혜성같이 등장한 엘리후가 가슴을 터치해주므로 욥의 마음이 눈 녹듯이 부드러워 진 것이다.

지금까지 욥의 세 친구들은 공의로우신 율법적 하나님만 강조했다면, 엘리후는 사랑과 자비의 하나님을 동시에 강조한다. 특히 36장 전체에서는 욥에게 하나님의 사랑과 긍휼을 확신시켜준다. 엘리후는 이렇게 따뜻한 말을 통해 얼어붙은 욥의 마음을 열어준다.

"욥 형님, 당신의 고통 배후에는 당신을 복되게 하시는 사랑의 하나님이 섭리하고 계신 것을 잊지 마세요."

따라서 엘리후의 호소는 37장에서 절정을 이룬다.

그는 욥에게 하나님의 기묘하심을 기대해보라는 감동적 호소를 한다. 하나님은 우리가 헤아릴 수 없는 큰일을 행하시는 분이심을 확신시켜준다. 하나님을 향해 마음을 열게 한다.

엘리후가 얼마나 따뜻한 가슴의 대화자였으면 욥이 37장까지의 긴 이야기를 다 들었을까?

욥기 31장까지의 구조는 서로 공방전이다. 서로 말이 끝나기가 무섭게 되받아치는 내용이다. 그런데 엘리후의 말에는 모두가 마음을 열고 귀 기울여 듣는다.

엘리후, 그가 얼마나 훈훈하게 가슴을 터치해주는 따뜻한 성품의 사람이었으면 그랬을까?

오늘 우리도 어떻게 하면 사람의 가슴을 터치해주는 성품을 개발할 수 있을까?


## 1. 인격적으로 말하자.

욥의 친구들은 그동안 차가운 이성의 언어를 사용했다.

소위 head language를 썼는데, 엘리후는 가슴의 언어, heart language로 말한다.

세 친구들의 말은 거칠고 난폭했다.

그리고 그들은 대부분 급하게 단정하며 말했다. 그런데 엘리후는 자신의 인품으로 말한다. 모든 사람의 인격을 존중하며 말한다.

현대인들의 큰 약점은 욥의 친구들처럼 말이 급하다.

거칠게 말한다. 날카롭게 말한다.

그래서 비인격적으로 공격하는 말을 하는 경향이 많다.

그에 비하여 엘리후는 오래 기다린 후에 성숙한 인격으로 말한다.

본문 4절과 10절의 내용이다.

『엘리후는 그들의 나이가 자기보다 여러 해 위이므로 욥에게 말하기를 참고 있다가』(욥기 32:4)

『그러므로 내가 말하노니 내 말을 들으라 나도 내 의견을 말하리라』(욥기 32:10)

그는 다른 사람들의 비난에 조급하게 끼어들지 않고, 신중하게 자기 의견을 표명한다. 말할 기회가 오기까지 기다렸다가 예의를 갖추어 말한다. 우리는 여기서 그의 인품을 느낄 수 있다.

엘리후의 성품에 얼마나 머리가 숙여지는지 그는 한참동안 기다린 후에 천천히 말했다.

그가 얼마나 상대방의 입장을 이해하며 경청하였는지 2장부터 31장까지의 모든 내용을 다듣고 난 후에 따뜻한 가슴으로 말한 것이다. 엘리후의 경청하는 자세는 존경스럽다. 욥 못지않은 인내의 사람이다.


그렇다. 급하게 말할수록 머리에서 나오고, 천천히 말할수록 가슴에서 나온다.

나부터도 말을 급하게 할수록 입에서 나오는 말을 한다. 가슴에서 나오는 말이 아니다.

혹시 비판과 헐뜯는 말이 먼저 나온다면 그것이 곧 당신의 인격임을 명심해야한다.

오늘 우리는 성숙한 인격으로 말하는 자가 되었으면 좋겠다.


## 2. 객관적으로 말하자.

엘리후는 자기 개인생각을 주입하는 대신 모든 것을 객관적으로 해석하며 공감대를 형성하는 모델을 보여준다. 그래서 세 친구들뿐만 아니라 욥의 문제점까지도 적나라하게 분석하며 지적해준다.

『어른이라고 지혜롭거나 노인이라고 정의를 깨닫는 것이 아니니라

그러므로 내가 말하노니 내 말을 들으라 나도 내 의견을 말하리라』

(욥기 32:9~10)

자기는 나이도 어리고 인생의 연륜도 짧지만 자기 의견에 귀를 기울여달라고 호소하며 말한다. 특히 자기는 상대방을 억누르려는 의도가 아니라 세워주려는 뜻으로 말을 하는 것이라고 안심시켜준다.

이에 비하여 우리는 너무나 주관적인 말을 쉽게 한다.

자기 주장, 자기 철학, 자기 사상, 자기 방법을 주입시키려고 한다. 특히 율법적인 신자일수록 자기 주관이 지나치게 세고 강하다.

**미숙한 사람일수록 주관적이고, 성숙한 사람일수록 객관적이**

다.

그러므로 우리는 상대방을 깊이 이해하고 배려하는 깊은 가슴의 사람이 되었으면 좋겠다.


## 3. 감동적으로 말하자.

엘리후가 말하는 모든 내용은 개인적 사건이 아니다.

그는 성령의 감동으로 말한다. 이것이 그가 세 친구들과 근본적으로 다른 점이다.

그는 성령께서 자기 심령에 깨달음을 주신 내용을 말하는 것이라고 공감을 끌어내며 대화를 열어간다.

『그러나 사람의 속에는 영이 있고 전능자의 숨결이 사람에게 깨달음을 주시나니』(욥기 32:8)

그는 욥의 상처와 아픔을 치유해주고 싶은 뜨거운 가슴으로 말한다.

『내 속에는 말이 가득하니 내 영이 나를 압박함이니라』(욥기 32:18)

그래서 자기는 어느 한편만을 두둔하거나 아첨하는 것이 아니라, 하나님의 성령으로 감동을 받아 말하는 것이라고 자신의 순수한 동기를 설명한다.

『입이 음식물의 맛을 분별함 같이 귀가 말을 분별하나니 우리가 정

의를 가려내고 무엇이 선한가 우리끼리 알아보자』(욥기 34:3~4)

그야말로 그는 가슴으로 소통하는 훌륭한 대화자다.

서양 격언처럼 "한 갤런의 쓴 약보다 한 방울의 꿀이 더 많은 파리를 잡을 수 있다."

이처럼 부드럽고 훈훈한 가슴의 언어가 효력이 있는 것이다.


오늘과 같은 무정한 시대에 카타르시스의 사람이 필요하다.

함께 아파하고, 함께 울어주고, 함께 힘을 내는 가슴의 사람이 되어야한다.

옥한흠 목사님은 카타르시스 목회를 하라고 간곡히 당부하셨다. 현대인들은 가슴의 감동을 받고 싶어 한다.

컴패션이라는 긍휼사역 선교단체를 이끌어가고 있는 서정인 목사님은 너무나 훌륭한 감동의 사람이다. 그는 언제든지 꼭 필요한 상황에서 눈물을 보여주는 카타르시스의 사람이다.

나부터 이런 사랑의 성품으로 변화되기를 소망한다.


## 4. 희망적으로 말하자.

우리가 지금까지 살펴보았듯이 세 친구들의 말은 너무나 이성적이고 잔혹했다. 지나치게 율법적이었다. 정죄 그 자체였다. 그야말로 언어폭력이었다. 절망만 시켰다.

그런데 엘리후의 말은 불안과 탈진상태에 있는 욥에게 안정감을 갖게 해 준다. 신뢰감을 심어준다.

하나님을 바라볼 수 있게 해준다. 하나님의 사랑을 확신시켜준다. 희망을 품게 한다.

이것이 37장까지 이어지는 내용이다.

엘리후는 욥으로 하여금 크고 좋으신 하나님을 대망하게 한다. 즉 모든 것을 회복해주시는 하나님을 갈망하도록 한다.

하나님은 욥의 기도를 들으시고 그분의 은총으로 행복을 회복해주실 것이라는 희망의 복음을 말해준다.

『그는 하나님께 기도하므로 하나님이 은혜를 베푸사 그로 말미암아 기뻐 외치며 하나님의 얼굴을 보게 하시고 사람에게 그의 공의를 회복시키시느니라』(욥기 33:26)

이와 같이 엘리후의 상담은 욥에게 두 가지 M자로 압축할 수 있다.

**첫째**, Mercy of God is great.

하나님의 긍휼하심이 크다.

**둘째**, Majesty of God is great.

하나님의 장엄하심이 크다.

그래서 엘리후는 37장 결론에서 이렇게 희망찬 결론을 내린다.

『북쪽에서는 황금 같은 빛이 나오고 하나님께는 두려운 위엄이 있느니라 전능자를 우리가 찾을 수 없나니 그는 권능이 지극히 크사 정의나 무한한 공의를 굽히지 아니하심이니라 그러므로 사람들은 그를 경외하고 그는 스스로 지혜롭다 하는 모든 자를 무시하시느니라』(욥기 22~24절)

하나님은 찬란한 금빛 광채로 북쪽 잿빛 하늘을 밝게 하실 것이다.

얼마나 희망적이고 복음적인가?

욥으로 하여금 미래 회복을 기대하게 해주는 완벽한 치유상담이다. 그야말로 가슴을 터치하는 성품에서 나온 것이다.

나는 이 모든 내용을 두 가지 방법으로 적용하고 싶다.


## 1. 축복하는 말을 하자.

욥의 세 친구들은 벌을 주는 말을 했다면, 엘리후는 복을 주는 말을 한다.

『실로 하나님이 사람에게 이 모든 일을 재삼 행하심은 그들의 영혼을 구덩이에서 이끌어 생명의 빛을 그들에게 비추려 하심이니라』 (욥기 33:29~30)

우리는 어떤 말을 하며, 어떤 말을 들으며, 어떤 단어를 구사하며, 얼마나 긍정적이며 복된 표현을 주고받고 사느냐에 따라서 행복이 좌우된다.

그래서 욥기 32장은 훌륭한 상담자 엘리후를 아주 멋지게 소개하면서 내용을 전개한다.

본문 2절을 보자.

엘리후는 바라겔의 아들임을 의도적으로 강조한다.

『람 종족 부스 사람 바라겔의 아들 엘리후가 화를 내니 그가 욥에게 화를 냄은 욥이 하나님보다 자기가 의롭다 함이요』(욥기 32:2)

아버지 바라겔의 이름은 「하나님이 축복하신다.」는 뜻이다. 그리고 엘리후라는 이름은 「그 하나님은 내 하나님이시다.」는 뜻이다.

그러므로 종합적 의미는 "나를 축복하신 하나님이 너도 축복하실 거야."라는 뜻이다.

이처럼 엘리후는 욥에게 최대한 축복의 말을 해준 것이다.

이미 언급한것 처럼 우리는 입술을 통해서도 축복의 유통자가 되어야한다.


## 2. 은혜로운 말을 하자.

성령의 사람은 말에 은혜가 있다. 성령의 사람은 말에 활력과 생기가 있다. 그래서 기를 꺾지 않고 기를 세워주는 말을 한다.

성령 충만하지 않은 사람일수록 상대방을 이기려는 말을 즐긴다. 그러나 성령 충만한 사람은 일으켜주는 말을 한다. 상대방의 기세를 꺾기 보다는, 세워준다.

"이기려하지 말고, 일으켜주자. 기를 꺾지 말고, 세워주자."

그래서 잠언 15장 4절에서는 『따뜻하고 부드러운 혀, 곧 은혜로운 입술은 생명나무와 같이 죽을 사람도 살려낸다.』고 말씀하신다.

우리 입술이 성령으로 기름부음을 받은 복된 혀가 되기를 바란다. 치유와 은혜, 축복의 입술이 되기를 바란다. 그렇다. 사람은 자기가 은혜받은 만큼 은혜로운 말을 한다.

이처럼 엘리후가 등장함으로 깊은 영적 침체와 탈진에 빠졌던 욥이 드디어 회복되기 시작한다.

엘리후는 성령의 감동으로 욥의 내면세계를 치유해준다. 그의 멍든 가슴과 골이 패인 앙금이 치유 받을 준비를 시켜준다.

욥으로 하여금 마음을 열고 하나님의 음성을 귀 기울여 듣도록 해준 것이다. 하나님의 회복 은총을 대망하도록 준비시켜준 것이다.

엘리후는 욥에게 인생의 어두운 밤이 지나가면 밝은 새아침이 온다는 희망을 심어준다. 고통의 밤 저 건너편에 당신을 기다리고 있는 새벽이 있다는 희망을 품게 한다. 즉 삶의 질곡을 통과하기만 하면 하나님의 놀라운 보상은총이 주어짐을 내다보라는 희망의 복음을 말해준 것이다.


예수님은 우리에게 이상적인 모델을 보여주신다.

예수님의 말씀은 언제나 성령의 감화와 감동이 흘러 넘친다.

바리새인들은 지식적으로, 교리적으로 잘 가르쳤으나 가슴을 터치해주지 못했다. 그러니 그 설교를 듣는 사람들을 더욱 힘들고 지치게 만들었다. 자존감마저 무너뜨렸다.

그러나 예수님의 말씀에는 언제나 은혜와 감동이 흘러 넘친다.

치유와 회복을 가져다준다. 지친 영혼과 상처 받은 가슴을 어루만져주시고 보듬어주신다.

그래서 사람들은 예수님의 말씀을 듣기만 하면 모두가 은혜를 받고, 압박과 억눌림에서 고침 받고 자유함을 얻는다.

우리도 이와 같이 가슴을 터치해주는 사람이 되기를 축원한다.


희망 복음을 외치는...

# 조 봉희

# 마음 정원에 심기

## 프롤로그: 행복한 결말을 보기

- 욥이라는 인물은 고난의 사람이기보다, 인내의 사람이다.
- 욥기의 주제는 욥의 인내라기보다, 하나님의 인내이다.
- 우리는 사그라지는 석양인생이 아니라, 솟아오르는 일출 인생이 되어야 한다.
- 기도응답이 지연되는 것은 거절 되는 것이 아니다.

  (A delay is not a denial.)

  내가 기다리고 있는 동안, 하나님은 역사하고 계신다.

  (While I am waiting, God is working.)

## 1. 복 받을 그릇!

- 당신이 가진 것이 오직 정직뿐이라면 당신은 모든 것을 가진 것이다.
  – Paul.J.Meyer
- 오늘 우리도 하나님이 손들어 주시는 인생이 되도록 하자.
- 가정의 영성이 곧 가정 행복의 우산이다.
- 부모들이여 우리 자신이 먼저 복 받을 그릇이 되어야 한다.

## 2. 쓰러지지 않는 오뚝이 신자!

- 문제 때문에가 아니라, 문제 덕분이다. 가난 때문에가 아니라 가난 덕분이다.
- 당신의 약함 덕분에 하나님의 큰 은혜가 작용한다.
- 어떤 상황에서도 예배하는 신앙, 욥은 인생의 숙제를 예배로 풀어갔다.

## 3. 시련을 도우시는 은혜!

- 사탄은 파괴적(destructive)으로 일하고, 하나님은 건설적(constructive)으로 역사하신다.
- 힘든 상황일수록 서로 세워주는 영적 파트너십이 필요하다.
- 하나님 아버지는 더 좋은 것을 주기 위해서가 아니라면, 그분의 자녀들로부터 아무 것도 취해가지 않으신다. – George Mueller
- 짐을 주시는 하나님은 힘도 함께 주신다. – 유대속담

## 4. 어두운 밤의 위로자!

- 진정한 친구의 세 가지 C – Come, Compassion, Comfort
  「찾아와서, 함께 아파하며, 격려하는 자다.」
- 진정한 동정은 함께 아파하며 눈물을 흘려주는 영혼의 사랑이다.
- 위로(Comfort)라는 말은 '함께'(com) + '힘을 낸다.'(forte)는 뜻이다.

## 5. 침체에서의 탈출

- 사람에게 잠시 나타나는 우울증은 영적 감기에 불과하다.
- 자기 자신을 남과 비교할수록 스스로 위축되고, 자괴감에 빠진다.
- 불행의 원인은 늘 내 자신이 만든다. 「나」에게 초점을 맞출수록 스스로 왜소해지고 의기소침해진다. – 파스칼
- 하나님이 건져내지 못하실 정도로 깊은 절망의 구덩이는 없다.
- 우리가 주님을 바라보며 사는 만큼 의기소침과 무력감에서 해방된다. 빈곤의식이 아닌 부요의식으로 산다.
- 욥기의 주제는 욥의 인내라기보다, 하나님의 인내이다.

## 6. 공격대신 공감!

- 우리는 비난(sarcasm)보다 받쳐줌(support)이 필요하다.

이론(logic)보다는 사랑(love)이 필요하다.

충고(advice)보다는 인정(affirmation)이 필요하다.

- 눈물 없이 하는 말일수록 눈물을 쏟게 한다.
- 사랑이 없으면 소음에 불과하다.

## 7. 헤세드(자비)를 호소!

- 우리의 수고가 더 커질 때 은혜의 힘도 커진다. 시험이 많을수록 하나님의 자비도 증가하고, 고통이 더할수록 하나님의 은혜도 더해진다. – M. Luther
- 인간을 가장 위대하게 만드는 용기는 자기 잘못을 인정하고 고백할 수 있는 용기다. – 틸리케
- 헤세드라는 말은 나보다 어리고, 약하고, 어려운 사람에게 베푸는 동정적 사랑이다. 예수님의 성육신 사랑이다.

## 8. 주님이 중보해 주시는 주님!

- 우리는 서로에게 좋은 중재자가 되어줄 필요가 있다. 다리 역할을 해주는 사랑의 가교가 되어주어야 한다.
- 우리는 차가운 이성보다 따뜻한 감성을 가져야 한다.
- 우리는 매정한 충고자가 되지 말고, 다정한 위로자가 돼야한다.
- 인간은 전능하고 거룩하신 하나님과 의사소통할 수 있는 중보자를 간절히 소원하고 있다.

  인간은 중보자의 은총을 목말라한다. 이것이 욥기의 「중보자 신학」이다.
- 중보자 예수님은 하늘에 계신 하나님께서 그분의 손을 우리에게 내밀도록 도와주신다.
- 하나님이 전기를 만드는 발전소라면, 중보자 예수님은 그 전력을 공급해 주는 송전선과 같다.

## 9. 좋으신 하나님 신뢰!

• 모든 교회 안에 성숙한 교인은 없다. 성숙해 가는 교인만 있을 뿐이다. – Tom Mercer

• 인생은 사십부터가 아니다. 그렇다고 이십부터도, 육십부터도 아니다. 인생은 십자가로부터다! – 키엘케고르

• 말의 3S –

      Short: 짧게

      Salt: 감미롭게

      Sense: 인상적인 메세지로

• 「Not to win is not to sin.」 (성공하지 못한 것이 죄는 아니다.)

• 욥은 친구들에게 가혹한 공격을 받다가 새로운 사실에 눈이 열린다.

  하나님의 위대하심(Greatness)과 선하심(Goodness)을 새롭게 깨닫는다.

• 성경적 회복이란, 더 나은 상태로의 창조적 회복은총이다.

• 「좋다」(토브)는 단어는 완전무결한 진선미를 뜻한다. 창세기는 1장부터 이점을 강조한다.

  하나님은 우리에게 좋은 것을 주시는 분이시다.

## 10. 종말신앙의 해법!

• 당신은 어디로 가는지 알고 있는가?

  영원한 목적지가 분명히 설정되어 있는가?

• 욥의 신앙고백은 구약성경에 나타나는 최초의 부활신앙이다.

• 「나의 몸도 부활하여 하나님을 볼 것이다」 (욥기19장 26절)중

• 희망을 가진 자는 살아난다. – Victor Frankle

## 11. 안전한 미래!

- 하나님을 신뢰하는 한 우리의 미래는 안전하다.
- 하나님은 우리의 불완전함을 이해하신다. - 십자가의 성요한(Saint John of the Cross)
- 「Where you go, there He is.」 당신이 어디로 가든, 주님이 함께하신다.
- 나는 내 인생의 미래에 대하여 아무것도 모른다.
  그러나 누가 나와 함께 계시는 지는 분명히 알고 있다. - 빌리 그래함
- 어제의 아픔이 오늘 내 성품을 빚어주었고, 오늘의 연단이 내일의 성숙을 이룬다.
- 믿음은 하나님께 주파수를 맞추는 것이다.

## 12. 신앙적 지식인의 삶!

- 지성과 영성의 균형을 이루는 신앙적 지식인으로 살아가기를 소원하라!
- 우리는 조금씩 알아갈수록 모르는 부분이 더 많아져간다.
- 지식이 먼저가 아니라, 신앙이 먼저이다.
- 지성과 영성은 별개가 아니라, 하나이다. 기독교 신앙의 본질이 바로 여기에 있다.

## 13. 마지막 시험을 통과한 우승자!

- 오늘도 큰사람 만드시는 하나님은 우리가 작품이 되기를 원하신다.
  그래서 때로는 힘든 고난과 시련으로 훈련하신다.
- 욥은 하나님의 final test에 대하여 두 가지 정답을 제출한다.
  첫째는 침묵(silence), 둘째는 수용(submission)이다.
- 고난을 선택하는 것은 아무 의미가 없고 고난의 와중에서 하나님의 뜻을 선택하는 것만이 의미가 있다. - 오스왈드 챔버스

## 14. 영광 회복과 새로운 드라마 인생!

- 욥기는 잃어버린 것 보다 더 나은 것으로 갚아주시는 하나님의 은혜가 중심주제다.
- 하나님의 자비는 바다처럼 넓구나. 정의 안에 긍휼이 있나니 자유가 넘치는 구나 – 프레드릭 파버
- 욥은 갑작스럽게 찾아온 인생의 시련과 고통을 그냥 참아 낸 것이 아니라 (patience), 꿋꿋한 믿음으로 잘 견디어 냈음(endurance)을 부각시키고 있다.
- 욥기의 메시지는 일차원적 해피엔딩이 아니다. 우리로 하여금 사랑의 유통자, 축복의 유통자, 은혜의 유통자로 살아가라는 수준 높은 방향을 제시한다.
- 우리 그리스도인은 유통의 삶을 살아야 한다. 즉 하나님의 축복을 효율적으로 유통시켜 주는 삶을 살아야 한다.
- 욥기는 곱빼기의 복음이다. 모든 것이 다 두 배로 회복된다. 욥의 인격과 영성도 두 배로 향상된다. 그야말로 새로운 드라마 인생으로 도약한다.

## 에필로그: 가슴을 터치해주는 사람!

- 21세기는 메탈문명에서 멘탈 문화로, fact 시대에서 felt 시대로 정화되어 가고 있다.
- 급하게 말할수록 머리에서 나오고, 천천히 말할수록 가슴에서 나온다.
- 미숙한 사람일수록 주관적이고, 성숙한 사람일수록 객관적이다.
- 한 갤런의 쓴 약보다 한 방울의 꿀이 더 많은 파리를 잡을 수 있다.
- 오늘과 같은 무정한 시대에 카타르시스의 사람이 필요하다. 함께 아파하고, 함께 울어주고, 함께 힘을 내는 가슴의 사람이 되어야 한다.
- 성령의 사람은 말에 은혜가 있다. 성령의 사람은 말에 활력과 생기가 있다.

# 맞춤형
# 무릎 기도문 시리즈

30일 작정 기도서

기도가 답입니다! – 가정에 비상약이 있듯이 /비상 기도서도 함께!

**가정❶ 30일용**

## 자녀를 위한
## 무릎기도문

**가정❷ 30일용**

## 가족을 위한
## 무릎기도문

**가정❸ 30일용**

## 남편을 위한
## 무릎기도문

**가정❹ 30일용**

## 아내를 위한
## 무릎기도문

**가정❺ 30일용**

## 태아를 위한
## 무릎기도문

**가정❻ 30일용**

## 아가를 위한
## 무릎기도문

**교회❶ 30일용**

## 태신자를 위한
## 무릎기도문

**교회❷ 30일용**

## 새신자
## 무릎기도문

**교회❸ 30일용**

## 교회학교 교사
## 무릎기도문

**기도❷ 수시로**

## 선포(명령)
## 기도문

**가정❼ 30일용**

## 재난 재해 안전
## 무릎기도문(부모편)

"주님, 우리 자녀들이 재난 재
해를 당하지 않게 하옵소서!"

**가정❽ 30일용**

## 재난 재해 안전
## 무릎기도문(자녀편)

"주님, 제가 재난 재해를 당하
지 않게 하옵소서!"

망망한 바다 한가운데서 배 한 척이 침몰하게 되었습니다.
모두들 구명보트에 옮겨 탔지만 한 사람이 보이지 않았습니다.
절박한 표정으로 안절부절 못하던 성난 무리 앞에 급히 달려 나온 그 선원이
꼭 쥐고 있던 손바닥을 펴 보이며 말했습니다.
"모두들 나침반을 잊고 나왔기에 … "
분명, 나침반이 없었다면 그들은 끝없이 바다 위를 표류할 수밖에 없을 것입니다.

삶의 바다를 항해하는 모든 이들을 위하여 우리는 그 나침반의 역할을 하고 싶습니다.
우리를 구원하신 위대한 주 예수 그리스도를 널리 전하고 싶습니다.

"하나님은 모든 사람이 구원을 받으며 진리를 아는 데에 이르기를 원하시느니라"
(디모데전서 2장 4절)

# 고난돌파

지은이 ∣ 조봉희
발행인 ∣ 김용호
발행처 ∣ 나침반출판사

제1판 발행 ∣ 2014년 11월 5일

등 록 ∣ 1980년 3월 18일 / 제 2-32호
주 소 ∣ 157-861 서울 강서구 염창동 240-21
　　　　블루나인 비즈니스센터 B동 1607호
전 화 ∣ 본　사(02)2279-6321
　　　　영업부(031)932-3205
팩 스 ∣ 본　사(02)2275-6003
　　　　영업부(031)932-3207

홈페이지 ∣ www.nabook.net
이 메 일 ∣ nabook@korea.com
　　　　　nabook@nabook.net

ISBN　978-89-318-1486-6
책번호 가-3100

값은 뒷표지에 있습니다.